KOMPLETNÍ PRŮVODCE PŘÍPRAVOU POKRMŮ POMOCÍ KVĚTŮ BEZU

Objevování světa bezové kuchyně prostřednictvím 100 receptů

PATRIK KOZEL

Materiál chráněný autorským právem ©2023

Všechna práva vyhrazena

Žádná část této knihy nesmí být použita nebo přenášena v jakékoli formě nebo jakýmikoli prostředky bez řádného písemného souhlasu vydavatele a vlastníka autorských práv, s výjimkou stručných citací použitých v recenzi. Tato kniha by neměla být považována za náhradu lékařských, právních nebo jiných odborných rad.

OBSAH

OBSAH 3
ÚVOD 6
ZÁKLADNÍ RECEPTY 7
   1. Bezový a bezový květ srdečný 8
   2. Sirup z bezového květu 10
   3. Bezový květ Cordial 12
   4. Bezový likér 14
   5. Bezový olej 16
SNÍDANĚ 18
   6. Bezové palačinky 19
   7. Bezová horká čokoláda 21
   8. Bezové koblihy 23
   9. Chia pudink z květu černého bezu 25
   10. Mísa na smoothie z bezového květu 27
   11. Francouzský toast z černého bezu 29
   12. Vafle z bezového květu 31
   13. Granola z bezového květu 33
   14. Sázená vejce s holandským květem černého bezu 35
   15. Palačinky s jahodovým bezovým květem 37
   16. Dánské bezové palačinky 39
ČAJ 41
   17. Čaj z chryzantémy a černého bezu 42
   18. z květů měsíčku lékařského 44
   19. Čaj z nachlazení a chřipky 46
   20. Čaj na podporu imunity Echinacea 48
   21. Čaj z bezu a heřmánku 50
   22. Čaj z bezu a máty 52
   23. Čaj z bezu a citronu 54
   24. Ledový čaj z černého bezu 56
SVAČINKY A PŘEkrmy 58
   25. Bezové madeleines s čokoládovou omáčkou 59
   26. Bezové lívanečky 62
   27. Koláč s bezinkovým džemem 64
   28. Plátky bezového květu s rebarborou 66
   29. Křehké sušenky z černého bezu 69
   30. Kváskový kukuřičný chléb a bezový chléb 71

31. Křehké pečivo s citronem a bezovým květem 73
32. Okamžiky tání bezového květu 75
33. Bezový květ a prosciutto Crostini 77
34. Čajové sendviče z černého bezu a okurky 79
35. Bezový květ a Brie Quesadillas 81
36. Jednohubky s bezovým květem a uzeným lososem 83
37. Datle plněné bezovým květem a modrým sýrem 85
HLAVNÍ CHOD 87
38. Hovězí salát Adobo s bezovou salsou 88
39. Bezový květ - Glazovaný losos 90
40. Bezový květ - Marinované grilované kuře 92
41. z bezu a kozího sýra 94
42. Bezový květ - glazované tofu restované 96
43. Quinoa salát z květů černého bezu 98
44. rizoto z černého bezu 100
45. Bezová polévka z černých fazolí 102
46. Bezový květ - Marinované hovězí špízy 104
DEZERT 106
47. Bezový květ pošírovaný angrešt 107
48. Dort s citronem a bezovým květem 109
49. Květináče s borůvkami, bezem a citronem 112
50. Koláč s rebarborou a bezovým květem 114
51. Parfait z bezového květu 117
52. Exotické ovoce s bezovým květem zabaglione 120
53. Dort s jahodami a bezovým květem 122
54. Deska s květinovou mimózou 124
55. Ostružiník a bezový květ Bavarois 126
56. Bezový krém Crème Brûlée 130
57. Limetková pěna z černého bezu 132
58. Bezový květ Hruškový sorbet 134
59. Bezová panna cotta s jahodami 136
60. Bezový květ Flan 138
61. Bezová zmrzlina 140
62. Bezový sorbet 142
63. Bezová a ostružinová zmrzlina 144
64. Pěna z bezových květů 146
65. Pečené hrušky s medem a bezovým květem 148
66. Bezové želé se šampaňským sorbetem 150
67. Panna Cotta S Omáčkou Z Bezového Květu 152

68. Bezový květ -Sangria Sorbet ... 155
KOMĚNÍ ... 157
69. Bezinkový nižší vyluhovaný med ... 158
70. Tinktura z černého bezu a lékořice ... 160
71. Tinktura zimního strážce z echinacey a černého bezu ... 162
72. Jablečná, hrušková a bezinková omáčka ... 164
73. Rajčatová omáčka z černého bezu ... 166
74. Chia džem z černého bezu ... 168
75. Salsa z bezového květu ... 170
76. Kompot z třešňového bezového květu ... 172
KOKTEJLY A MOCKTAILY ... 174
77. Hibiscus Spritz ... 175
78. Koktejl z bezového květu Prosecco ... 177
79. Aperitiv Saké Lichee ... 179
80. Bylinný gin Fizz ... 181
81. Ibišek prskavka ... 183
82. Peach Rosé Sangria ... 185
83. Bezové mimózy z krvavého pomeranče ... 187
84. Hibiscus Spritz ... 189
85. Vodka Spritz z granátového jablka a tymiánu ... 191
86. Mocktail dračího dechu ... 193
87. Starší letec ... 195
88. Anglické Martini ... 197
89. Bezový květ růže Martini ... 199
90. Bezové šampaňské ... 201
91. Bezový květ Gin Blast ... 203
92. Velké vzory bezového květu ... 205
93. Mayflower Martini ... 207
94. Bezový květ Meteor Fall ... 209
95. Bezový květ jiskra ... 211
96. Bezový květ Updraft ... 213
97. Flower Blast Martini ... 215
98. Bezový květ Margarita ... 217
99. Mojito z bezového květu ... 219
100. Bezový střik ... 221
ZÁVĚR ... 223

ÚVOD

Bezové květy se svými jemnými a voňavými květy nabízejí jedinečnou a okouzlující chuť široké škále kulinářských výtvorů. V tomto kompletním průvodci se ponoříme do světa bezové kuchyně a představíme 100 vynikajících receptů, které předvádějí všestrannost a kouzlo těchto krásných květů.

Po staletí se květy černého bezu používaly v různých kulturách k vylepšení sladkých i slaných pokrmů a také nápojů. Jejich květinové tóny a jemná sladkost dokážou proměnit obyčejné jídlo v gurmánský zážitek. Ať už jste ostřílený kuchař nebo dobrodružný domácí kuchař, tato obsáhlá sbírka receptů vás inspiruje k prozkoumání úžasných možností bezových květů ve vaší kuchyni.

Vydejte se s námi na kulinářskou cestu, která zahrnuje předkrmy, hlavní jídla, dezerty a nápoje. Objevte umění louhování bezových květů do sirupů, likérů a lihovin nebo jak mohou pozvednout klasiku, jako jsou bezové palačinky a kuře s vůní bezového květu. Od koktejlů s bezovým květem až po neodolatelné bezové pečivo – možnosti jsou stejně nekonečné jako vaše kreativita.

Připravte se na svou rodinu a přátele okouzlující chutí těchto květů a nechte svou kulinářskou cestu začít.

ZÁKLADNÍ RECEPTY

1.Bezový a bezový květ srdečný

SLOŽENÍ:
- 50 g (13/4 oz) čerstvých nebo sušených květů černého bezu
- 100 g (31/2 oz) bezinek
- 1 malá tyčinka skořice
- 1 lžička anýzu
- 1 polévková lžíce čerstvého kořene zázvoru, nastrouhaného
- 400 g (14 uncí) cukru
- šťáva z 1/2 citronu

INSTRUKCE:
a) Všechny ingredience kromě cukru a citronové šťávy dejte do hrnce, přidejte 1 litr (13/4 pinty) vody, přikryjte a vařte na mírném ohni 25–30 minut.
b) Sceďte tekutinu do odměrky. Slijte 600 ml (1 pinta) do hrnce a přidejte cukr. (Jakoukoli tekutinu navíc lze vypít jako čaj.)
c) Jemně mícháme na mírném ohni, aby se cukr rozpustil. Když se všechen cukr rozpustí, přidáme citronovou šťávu a dusíme dalších 10–15 minut pod pokličkou. Poté přiveďte 2–3 minuty k varu a stáhněte z plotny.
d) Ještě horké nalijte do sterilizované skleněné láhve, uzavřete, označte štítkem se seznamem ingrediencí a datem. Uchovávejte v chladu a spotřebujte do 3–4 týdnů.
e) Přidejte lžíci cordialu do šálku studené nebo horké vody nebo pokapejte palačinky nebo snídaňové cereálie.

2.Sirup z bezového květu

SLOŽENÍ:
- 2 citrony, nakrájené na plátky nebo na kousky
- 15 květů černého bezu, přičemž listy a stonky jsou co nejvíce odstraněny
- 1 kilogram krystalového cukru (asi 5 šálků)
- 1 litr vody (přibližně 4 šálky)
- 20 gramů kyseliny citronové (přibližně jedna zakulacená polévková lžíce)

INSTRUKCE:
a) Smíchejte plátky citronu a květy černého bezu v prostorném, tepelně bezpečném hrnci nebo velké sklenici s poklicí o objemu nejméně 2 litry (8 šálků).
b) V samostatném hrnci přiveďte krystalový cukr, vodu a kyselinu citronovou k varu, aby se veškerý cukr úplně rozpustil.
c) Jemně nalijte cukrový sirup na citrony a květy černého bezu a důkladně promíchejte, aby se chutě propojily.
d) Nechte směs dosáhnout pokojové teploty a uzavřete ji víčkem, čímž zajistíte vzduchotěsné uzavření (v případě potřeby můžete použít plastový obal).
e) Nechte tuto směs odpočívat po dobu 48 hodin a několikrát denně promíchejte.
f) Po 48 hodinách směs přeceďte přes jemný cedník a gázu, abyste odstranili případné nečistoty. Výsledkem bude čistý, lehce nažloutlý sirup.
g) Tento sirup přelijte do hrnce a přiveďte k varu. Snižte teplotu, abyste udrželi mírný var po dobu asi 10 minut.
h) Horký sirup nalijte do připravených sklenic nebo lahví pro zavařování (sirup je při správném zavařování stabilní) nebo jej skladujte ve vzduchotěsné nádobě v lednici po dobu až 2 měsíců.

3.Bezový květ Cordial

SLOŽENÍ:
- 2 šálky vody
- 2 šálky cukru
- 1/4 šálku sušených bezových květů
- 1 Meyerův citron
- 1 1/2 lžičky kyseliny citronové

INSTRUKCE:
a) V malém nerezovém hrnci přiveďte na středním plameni k varu vodu a cukr. Zahřívejte, dokud se cukr úplně nerozpustí, což by mělo trvat asi 5 až 7 minut. Odstraňte z tepla a nechte jednoduchý sirup vychladnout.
b) Meyerův citron omyjte, nakrájejte na plátky a plátky vložte do uzavíratelné skleněné nádoby. Přidejte bezový květ a prášek kyseliny citronové do sklenice. Nalijte vychlazený jednoduchý sirup, sklenici uzavřete a pořádně protřepejte. Směs uchovávejte v lednici alespoň 24 hodin, a pokud si přejete výraznější chuť, může zůstat v lednici až 72 hodin.
c) Po uplynutí doby vyluhování sceďte cordial přes plátýnko do vámi preferované nádoby. Nezapomeňte na utěrku zatlačit, abyste vytáhli veškerou tekutinu.
d) Bezový květ uchovávejte v uzavřené skleněné nádobě v chladničce po dobu až 3 měsíců. Pokud se rozhodnete vynechat kyselinu citronovou, neskladujte ji déle než 3 týdny nebo dokud se cordial nezakalí. Pokud používáte vodku jako konzervant místo kyseliny citronové, neskladujte ji déle než 6 týdnů nebo dokud se nezakalí. Užívat si!

4.Bezový likér

SLOŽENÍ:
- 10 až 20 hlávek černého bezu, s odstraněnými velkými stonky
- 1 litr vodky nebo Everclear
- 1/4 až 1/2 šálku cukru

INSTRUKCE:

a) Odřízněte květy černého bezu ze stonků do sklenice Mason o velikosti čtvrt litru. Pamatujte, že stonky a listy rostlin černého bezu jsou toxické, takže se snažte odstranit co nejvíce stonků. I když je náročné je všechny odstranit, věnovat tomuto kroku nějaký čas je zásadní.

b) Květiny zalijte alkoholem dle vlastního výběru a sklenici uzavřete. Výběr alkoholu je flexibilní, ale mnozí preferují vodku 80-proof. Pro čistší a čistší příchuť bezového květu se však můžete rozhodnout pro vodku 100-proof. Příležitostně lze použít Everclear nebo 151-plus proof alkohol. Vyšší obsah alkoholu pomáhá extrahovat z květů černého bezu celou škálu chutí a vůní. Pokud používáte Everclear, zřeďte likér vodou nebo ledem, aby byl chutnější, protože je výjimečně silný.

c) Ujistěte se, že květy jsou zcela ponořené v alkoholu. Pokud tomu tak není, může horní vrstva květů na vzduchu zoxidovat a zhnědnout. I když to likéru nepoškodí, lepší přístup je použít sklenici s úzkým hrdlem a umístit menší sklenici dovnitř, aby se vytvořil vzduchový uzávěr. Případně můžete květiny zvážit malým talířem nebo víkem zavařovací sklenice.

d) Sklenici skladujte na chladném a tmavém místě tak dlouho, jak chcete, ale alespoň na několik dní. Typická doba louhování je kolem dvou týdnů, i když ji můžete prodloužit o měsíc nebo déle, pokud chcete tmavší likér.

e) Po louhování směs dvakrát sceďte. Nejprve použijte síto s jemnými oky, abyste odstranili květy a případné nečistoty. Poté ještě jednou sceďte přes stejné sítko, tentokrát s kusem papírové utěrky uvnitř, abyste odstranili velmi jemné částice, jako je pyl. Druhé scezení je možnost vynechat, ale výsledkem může být mírně zakalený likér.

f) Pro litr likéru přidejte mezi 1/4 šálku a 1/2 šálku cukru, v závislosti na požadované úrovni sladkosti. Sklenici znovu uzavřete a dobře protřepejte, aby se spojila. Pokud používáte Everclear, dobrý způsob, jak přidat cukr a zředit směs na pitnou úroveň, je smíchat cukr se stejným objemem vody, zahřívat, dokud se cukr úplně nerozpustí, ochladit na pokojovou teplotu a poté přidejte do likéru.

g) Umístěte sklenici zpět do spíže a čas od času s ní zatřeste, dokud se cukr úplně nerozpustí. Jakmile je, váš bezový likér je připraven k vychutnání a lze jej skladovat neomezeně dlouho.

5.Bezový olej

SLOŽENÍ:
- Čerstvé květy černého bezu (dostatek na naplnění čisté, suché skleněné nádoby)
- Nosný olej (např. olivový olej, sladký mandlový olej nebo hroznový olej)

INSTRUKCE:
a) Sklizeň květů černého bezu: Čerstvé květy černého bezu sbírejte za suchého slunečného dne, kdy jsou květy plně otevřené a aromatické. Ujistěte se, že květy černého bezu jsou čisté a bez jakýchkoli nečistot nebo hmyzu. Vyhněte se používání bezových květů s povadlými nebo hnědými okvětními lístky.
b) Připravte si čistou nádobu: Vyberte si čistou, suchou skleněnou nádobu se vzduchotěsným víčkem. Velikost nádoby bude záviset na množství bezového oleje, které chcete vyrobit. Dobrým výchozím bodem je půllitrová sklenice (500 ml).
c) Naplňte nádobu: Vložte čerstvě sklizené květy černého bezu do skleněné nádoby. Sklenici naplňte asi do dvou třetin květy černého bezu. Jemně sklenicí zatřeste, aby se květy usadily a nahoře vytvořily prostor.
d) Přidejte nosný olej: Květy černého bezu nalijte zvoleným nosným olejem a ujistěte se, že jsou květy zcela ponořené v oleji. Možná budete muset použít špachtli nebo rukojeť lžíce, abyste jemně zatlačili na květy černého bezu a uvolnili všechny vzduchové bubliny. Přidávejte olej, dokud nebudou květy černého bezu zcela zakryté.
e) Uzavřete nádobu: Skleněnou nádobu uzavřete vzduchotěsným víčkem.
f) Doba louhování: Uzavřenou sklenici umístěte na chladné a tmavé místo, aby se louhovala asi 2 až 4 týdny. Každých pár dní nádobou jemně protřepejte, aby se směs promíchala a podpořilo se vniknutí vůně bezu do oleje.
g) Sceďte olej: Po uplynutí doby vyluhování sceďte olej, aby se květy bezu oddělily od oleje. K tomuto účelu můžete použít jemné sítko, gázu nebo sáček na ořechové mléko. Vymačkejte květy černého bezu, abyste získali co nejvíce oleje.
h) Lahvička a skladování: Přecezený bezový olej přelijte do čisté, suché skleněné láhve nebo nádoby. Ujistěte se, že nádoba je dobře utěsněná, aby se zabránilo vniknutí vzduchu. Bezový olej skladujte na chladném a tmavém místě, mimo přímé sluneční světlo.

SNÍDANĚ

6.Bezové palačinky

SLOŽENÍ:
- 1 hrnek univerzální mouky
- 1 lžíce cukru
- 1 lžička prášku do pečiva
- ½ lžičky jedlé sody
- ¼ lžičky soli
- 1 šálek podmáslí
- 1 velké vejce
- 2 lžíce rozpuštěného másla
- 2 lžíce bezového květu cordial

INSTRUKCE:
a) V míse prošlehejte mouku, cukr, prášek do pečiva, jedlou sodu a sůl.
b) V samostatné misce prošlehejte podmáslí, vejce, rozpuštěné máslo a bezový květ.
c) Nalijte mokré ingredience do suchých a míchejte, dokud se nespojí.
d) Rozehřejte nepřilnavou pánev nebo gril na střední teplotu a lehce je namažte.
e) Nalijte ¼ šálku těsta na pánev na každou palačinku. Vařte, dokud se na povrchu nevytvoří bublinky, poté otočte a vařte další 1-2 minuty.
Opakujte se zbývajícím těstem. Palačinky podávejte pokapané navrchu bezovým likérem.

7.Bezová horká čokoláda

SLOŽENÍ:
- 2 šálky mléka (mléčné nebo alternativní mléko)
- 2 lžíce kakaového prášku
- 2 lžíce cukru (podle chuti)
- 1 lžíce sirupu z bezového květu
- Šlehačka a jedlé květy na ozdobu

INSTRUKCE:
a) V hrnci zahřejte mléko na středním plameni, dokud nebude horké, ale ne vroucí.
b) V malé misce prošlehejte kakaový prášek a cukr.
c) Vmíchejte sirup z bezového květu, dokud se dobře nespojí.
d) Do horkého mléka postupně zašlehejte kakaovou směs, dokud nebude hladká a dobře promíchaná.
e) Pokračujte v zahřívání bezové horké čokolády za občasného míchání, dokud nedosáhne požadované teploty.
f) Nalijeme do hrnků, potřeme šlehačkou a ozdobíme jedlými květy. Podávejte a užívejte si!

8. Bezové koblihy

INGREDIENCE
- 1 ½ šálku univerzální mouky
- ½ šálku krystalového cukru
- 2 lžičky prášku do pečiva
- ¼ lžičky soli
- ¼ šálku rostlinného oleje
- ½ šálku mléka
- 2 velká vejce
- 1 lžička extraktu z květu černého bezu
- 1 lžíce sušených bezových květů (volitelně)

INSTRUKCE
a) Předehřejte troubu na 350 °F (180 °C) a vymažte formu na koblihy sprejem na vaření.
b) Ve velké míse smíchejte mouku, cukr, prášek do pečiva a sůl.
c) V jiné misce prošlehejte olej, mléko, vejce, extrakt z bezu a sušené květy černého bezu (pokud je používáte).
d) Nalijte mokré ingredience do suchých a míchejte, dokud se nespojí.
e) Těsto nalijte do připravené formy na koblihy a každou formu naplňte asi do ¾.
f) Pečte 12–15 minut, nebo dokud párátko zapíchnuté do středu koblihy nevyjde čisté.
g) Nechte koblihy několik minut vychladnout na pánvi, než je přenesete na mřížku, aby úplně vychladly.

9.Chia pudink z květu černého bezu

SLOŽENÍ:
- ¼ šálku chia semínek
- 1 hrnek mléka (mléčného nebo rostlinného)
- 2 lžíce bezového sirupu nebo čajového koncentrátu z bezového květu
- 1 lžíce medu nebo sladidla dle vašeho výběru
- Čerstvé ovoce, ořechy nebo granola na polevu

INSTRUKCE:
a) V dóze nebo nádobě smíchejte chia semínka, mléko, bezový sirup nebo čajový koncentrát a med.
b) Dobře promíchejte, aby se chia semínka spojila a zajistila rovnoměrné rozložení.
c) Sklenici zakryjte a dejte do lednice alespoň na 2 hodiny nebo přes noc, dokud směs nezhoustne a nezmění se na pudink.
d) Během doby chlazení směs jednou nebo dvakrát promíchejte, aby se zabránilo hrudkování.
e) Bezový chia pudink podávejte vychlazený, přelitý čerstvým ovocem, ořechy nebo granolou pro větší texturu a chuť.

10. Mísa na smoothie z bezového květu

SLOŽENÍ:
- 1 mražený banán
- ½ šálku mraženého ovoce (jako jsou jahody, maliny nebo borůvky)
- ¼ šálku čaje z bezového květu (silně uvařený a vychlazený)
- ¼ šálku řeckého jogurtu nebo jogurtu rostlinného původu
- 1 lžička chia semínek
- Polevy: nakrájené ovoce, granola, kokosové vločky, ořechy atd.

INSTRUKCE:
a) V mixéru smíchejte mražený banán, mražené bobule, čaj z bezového květu, řecký jogurt a chia semínka.
b) Mixujte, dokud nebude hladká a krémová. V případě potřeby přidejte další kapku čaje z černého bezu nebo vody, abyste dosáhli požadované konzistence.
c) Nalijte smoothie do misky.
d) Navrch dejte nakrájené ovoce, granolu, kokosové vločky, ořechy nebo jakoukoli jinou polevu, kterou preferujete.
e) Vychutnejte si osvěžující a zářivou smoothie mísu z bezového květu jako výživnou snídani.

11. Francouzský toast z černého bezu

SLOŽENÍ:
- 4 plátky chleba
- 2 velká vejce
- ½ šálku mléka
- 2 lžíce sirupu z bezového květu
- ½ lžičky vanilkového extraktu
- Máslo nebo olej na vaření
- Polevy: moučkový cukr, javorový sirup, čerstvé ovoce atd.

INSTRUKCE:
a) V mělké misce prošlehejte vejce, mléko, bezinkový sirup a vanilkový extrakt.
b) Každý krajíc chleba ponořte do vaječné směsi a nechte jej několik sekund nasáknout z každé strany.
c) Rozehřejte nepřilnavou pánev nebo gril na střední teplotu a rozpusťte malé množství másla nebo oleje.
d) Namočené plátky chleba položte na pánev a opékejte dozlatova z každé strany, asi 2-3 minuty z každé strany.
e) Opakujte se zbývajícími plátky chleba a podle potřeby přidejte na pánev další máslo nebo olej.
f) Bezový francouzský toast podávejte teplý s oblíbenými polevami, jako je moučkový cukr, javorový sirup, čerstvé ovoce nebo kopeček šlehačky.

12. Vafle z bezového květu

SLOŽENÍ:
- 1½ šálku (220 g) univerzální bílé mouky
- ½ hrnku (70 g) celozrnné mouky (nebo použijte bílou mouku)
- 2 vejce, oddělená
- ¾ šálku (180 ml) mléka, mléčného nebo rostlinného
- ¼ šálku (60 ml) bezu a citronu Cordial (nebo náhrada mléka navíc)
- ¼ šálku (60 ml) přírodního jogurtu (volitelně)
- 50 g másla, rozpuštěného
- 2 lžičky prášku do pečiva
- 1 lžíce cukru
- Máslo nebo olej na vaření
- Smíšené bobule (pokud jsou zmrazené, rozmražené)
- Jogurt nebo šlehačka
- Tekutý med nebo javorový sirup

INSTRUKCE:
a) Začněte tím, že do mísy dáte bílou mouku. Uprostřed vytvořte důlek a přidejte žloutky, mléko, likér a případně jogurt. Tyto ingredience šlehejte, dokud nevznikne husté těsto. Mísu přikryjeme talířem a dáme přes noc do lednice.

b) Pro bílky je vložte do zakryté nádoby, ale nechte je na kuchyňské lince (nechlaďte je), abyste si zjednodušili ranní proces.

c) Vyjměte těsto z lednice. Máslo rozpustíme a opatrně vmícháme do těsta spolu s práškem do pečiva.

d) Vložte bílky a cukr do samostatné misky. Pomocí elektrického šlehače je míchejte, dokud se nevytvoří měkké vrcholy. Do těsta přidejte lžíci ušlehaných bílků, aby se uvolnilo, a poté opatrně promíchejte zbývající pusinky.

e) Vyhněte se nadměrnému míchání, aby se zachoval objem směsi. Pokud chcete, můžete tento krok přeskočit a přidat do těsta noc předem celá vejce a cukr.

f) Zahřejte si vaflovač. Přidejte malé množství másla (preferujeme přepuštěné máslo, aby se nepřipálilo) a pomocí štětce na pečení rovnoměrně potřete plotýnky.

g) Do vaflovače nalijte přibližně ½ šálku těsta, sklopte víko a vařte, dokud nezezlátnou, což obvykle trvá asi 2 minuty.

h) Případně můžete použít těžkou pánev a vařit horké koláče na mírném ohni, dokud nejsou obě strany zlaté.

i) Uvařené vafle položte na dortový rošt u stolu, aby se nerozmočily. Ihned podávejte s rozehřátým ovocem a kopečkem jogurtu nebo smetany, poté je pokapejte medem nebo javorovým sirupem.

j) Užijte si své báječné vafle z bezového květu!

13. Granola z bezového květu

SLOŽENÍ:
- 250 g celozrnných ovesných vloček
- 180 g směsi ořechů a semínek (mandle, lískové ořechy, dýňová semínka a pohankové krupice)
- 45ml bezový květ Cordial (recept viz můj poslední příspěvek)
- 15 ml vody
- 80g kokosového oleje
- 100 g sušeného ovoce dle vlastního výběru (sušené třešně a goji bobule)

INSTRUKCE:
a) Začněte předehřátím trouby na 180 stupňů Celsia (356 stupňů Fahrenheita).
b) Ve velké míse smíchejte celozrnné ovesné vločky, rozmixované ořechy, semínka a pohankové krupice. Nezapomeňte je důkladně promíchat.
c) V malém hrnci smíchejte kokosový olej, bezinkový květ a vodu. Tuto směs zahřívejte na mírném ohni asi 5 minut. To pomůže naplnit chutě.
d) Tekutou směsí pokapejte ořechovou ovesnou směs po lžících. Nezapomeňte to dobře promíchat a ujistěte se, že všechny suché ingredience jsou rovnoměrně pokryty tekutinou napuštěnou květem černého bezu.
e) Takto obalenou směs rovnoměrně rozprostřete mezi dvě zapékací mísy. Vložíme je do předehřáté trouby a pečeme asi půl hodiny. Granola by měla pěkně zhnědnout a opečené. Abyste předešli spálení a dosáhli rovnoměrné barvy, nezapomeňte granolu během pečení často promíchat.
f) Jakmile je granola upečená a vychladlá, přidejte sušené třešně a goji bobule. Jemně je vmícháme do granolové směsi.
g) Přeneste bezovou granolu do velké vzduchotěsné nádoby. Může být skladován až 3 týdny, což vám umožní vychutnat si tuto lahodnou a výživnou pochoutku podle potřeby.

14. Sázená vejce s holandským květem černého bezu

SLOŽENÍ:
- 4 vejce
- 1 lžíce bílého vinného octa
- 150 g nesoleného másla
- 3 lžíce bezového octa
- anglický muffin
- 200 g jarní zeleniny, nastrouhané
- Cibulový džem
- Volitelná ozdoba: Květy petrklíče a červené listy shiso

INSTRUKCE:
a) Začněte sázením dvou vajec. Přiveďte k varu rendlík s vodou, přidejte špetku bílého vinného octa a snižte plamen na mírný var. Každé vejce nejprve rozklepněte do hrnečku a poté je opatrně vložte do vroucí vody. Pošírujte 3–4 minuty, v závislosti na preferenci konzistence žloutku. Pomocí děrované lžíce vyjměte sázená vejce z vody.

b) Nakrájenou jarní zelí orestujte na malém množství másla, aby změkla, a poté je dochuťte solí a pepřem podle chuti.

c) Chcete-li vytvořit holandskou omáčku, rozpusťte 125 g nesoleného másla a odstraňte všechny bílé pevné látky. Udržujte máslo teplé a přiveďte k varu samostatnou pánev s vodou. V misce, která se vejde nad vršek pánve, prošlehejte žloutky ze dvou zbývajících vajec a bezový ocet, dokud se nevytvoří vzdušná pěna (známá jako sabayon). Odstavte misku z plotny a zašlehejte do ní malé množství rozpuštěného másla.

d) Umístěte jej zpět na oheň a pokračujte v neustálém šlehání. Tento postup opakujte, dokud se nezapracuje všechno máslo, výsledkem je majonézová textura. Hollandu podle chuti dochuťte mořskou solí a čerstvě mletým černým pepřem.

e) Anglický muffin rozpůlte a opečte. Půlky muffinů potřeme trochou sladkého cibulového džemu.

f) Na poloviny muffinů navrstvěte restované jarní zelí. Na zelí položte sázená vejce a vejce bohatě pokapejte holandskou omáčkou z bezového květu.

g) Pokud chcete, ozdobte řeřichou nebo jedlými jarními květinami, jako je petrklíč a červenými listy shiso.

15. Palačinky s jahodovým bezovým květem

SLOŽENÍ:
TĚSTO NA palačinky:
- 250 ml mléka
- 1 bio vejce
- 1 lžíce sirupu z bezového květu
- 100 g mouky

MÁSLOVÁ OMÁČKA S BEZOVÝM SIRUPEM:
- 50 g másla
- 70 ml sirupu z bezového květu
- 100 g jahod

INSTRUKCE:
a) Začněte přípravou těsta na palačinky. Do mísy prosejeme mouku, přidáme vejce, bezinkový sirup a mléko. Míchejte, dokud nezískáte hladké těsto bez hrudek.
b) Rozpalte pánev na střední teplotu a lehce ji potřete olejem. Vařte tenké palačinky po dávkách a poté je složte do trojúhelníků.
c) V jiné pánvi rozpustíme máslo na středním plameni. Přidejte bezinkový sirup a míchejte, aby se spojil. Složené palačinkové trojúhelníky přidejte na pánev. Nechte je nasáknout lahodnou omáčkou a poté je otočte. Prohřejte je a můžete podávat.
d) Palačinky ihned položte na talíře a ozdobte je čerstvými jahodami. Pro extra sladkost je posypte moučkovým cukrem nebo je spárujte s kopečkem vanilkové zmrzliny.
e) Užijte si tuto lahodnou palačinku a vychutnejte si harmonickou směs chutí!

16. Dánské bezové palačinky

SLOŽENÍ:
- 125 g mouky nebo bílé celozrnné mouky (1 hrnek)
- 250 ml čerstvého odstředěného mléka (1 šálek)
- 3 vejce
- 3 PL cukru nebo bezového květu cordial
- 1/2 lžičky vanilkového prášku (volitelně)
- 1 PL oleje na vaření nebo kombinace másla a oleje na smažení
- 6 stonků bezových květů

INSTRUKCE:
a) V míse smíchejte mouku, vanilkový prášek a cukr (nebo bezový květ).
b) K suchým ingrediencím přidejte mléko, vejce a bezový květ (pokud nepoužíváte cukr). Vše dobře promícháme metličkou nebo ručním mixérem.
c) Těsto na palačinky nechte pokud možno 30 minut odpočinout v lednici.
d) Prohlédněte si květy černého bezu, které jste natrhali, a setřeste případný hmyz.
e) Rozpalte pánev s olejem na střední teplotu (kolem č. 5 nebo 6 na sporáku).
f) Do těsta na palačinky namáčejte po jednom stonku černého bezu a položte na pánev.
g) Pokračujte v tomto procesu, dokud nebude pánev plná. Pokud dáváte přednost jedné palačince na stonku černého bezu, pánev určitě nepřeplňujte.
h) Když palačinka z jedné strany zezlátne, opatrně ji otočte a opékejte i druhou stranu, dokud nebude také zlatavá.
i) Podávejte bezové palačinky s javorovým sirupem a lesním ovocem, pokud chcete.
j) Užijte si tyto dánské palačinky z bezového květu, jedinečný a chutný recept na klasický recept na palačinky!

ČAJ

17. Čaj z chryzantémy a černého bezu

SLOŽENÍ:
- 1/2 polévkové lžíce květů chryzantémy
- 1/2 lžičky bezových květů
- 1/2 polévkové lžíce máty peprné
- 1/2 polévkové lžíce listů kopřivy

INSTRUKCE:
a) Všechny ingredience dejte do konvice, zalijte 10 fl oz vroucí vody, nechte vyluhovat a podávejte.
b) V období senné rýmy pijte 4 šálky denně.

18.z květů měsíčku lékařského

SLOŽENÍ:
- Špetka květů měsíčku
- Štípněte listy šalvěje
- Štípněte květy ibišku
- Špetka bezových květů
- 2 šálky vody , vařené
- Miláček

INSTRUKCE:
a) Vložte měsíček, šalvěj, ibišek a bezové květy do skleněné nádoby.
b) Do sklenice přidejte převařenou vodu.
c) Uzavřete pokličkou a 10 minut louhujte.
d) Přidejte med.

19. Čaj z nachlazení a chřipky

INGREDIENCE
- 1 unce listů ostružiny
- Květy černého bezu 1 unce
- 1 unce lipových květů
- 1 unce listů máty peprné

INSTRUKCE:
a) 2 polévkové lžíce směsi zalijte 1 šálkem vroucí vody.
b) Přikryjte a nechte 10 minut louhovat; kmen.

20.Čaj na podporu imunity Echinacea

SLOŽENÍ:
- ¼ šálku echinacey
- ¼ šálku bezinek
- ¼ šálku astragalus
- ¼ šálku šípků
- ¼ šálku heřmánku

INSTRUKCE:
a) Vše promícháme a uložíme do skleněné nádoby.
b) Použijte 2 čajové lžičky na šálek horké vody.
c) Necháme 10 minut louhovat.

21. Čaj z bezu a heřmánku

SLOŽENÍ:
- 1-2 čajové sáčky z bezového květu nebo 1-2 čajové lžičky sušených bezových květů
- 1-2 sáčky heřmánkového čaje nebo 1-2 čajové lžičky sušených květů heřmánku
- Horká voda

INSTRUKCE:
a) Do konvice nebo šálku vložte čajové sáčky nebo sušené květy bezu a heřmánku.
b) Bylinky zalijte horkou vodou.
c) Nechte čaj louhovat asi 5-7 minut, nebo dokud nedosáhnete požadované síly chuti.
d) Odstraňte čajové sáčky nebo sceďte bylinky.
e) Tato směs nabízí uklidňující a relaxační zážitek z bylinného čaje.

22. Čaj z bezu a máty

SLOŽENÍ:
- 1-2 čajové sáčky z bezového květu nebo 1-2 čajové lžičky sušených bezových květů
- 1-2 snítky čerstvé máty nebo 1-2 sáčky mátového čaje
- Horká voda

INSTRUKCE:
a) Vložte čajové sáčky nebo sušené květy černého bezu do konvice nebo šálku.
b) Přidejte snítky čerstvé máty nebo sáčky mátového čaje.
c) Bylinky zalijte horkou vodou.
d) Nechte čaj louhovat asi 5-7 minut, nebo dokud nedosáhnete požadované síly chuti.
e) Vyjměte sáčky z čaje nebo sceďte bylinky.

23.Čaj z bezu a citronu

SLOŽENÍ:
- 1-2 čajové sáčky z bezového květu nebo 1-2 čajové lžičky sušených bezových květů
- Plátky čerstvého citronu
- Horká voda

INSTRUKCE:
a) Vložte čajové sáčky nebo sušené květy černého bezu do konvice nebo šálku.
b) Přidejte plátky čerstvého citronu.
c) Bezové květy a citron zalijte horkou vodou.
d) Nechte čaj louhovat asi 5-7 minut, nebo dokud nedosáhnete požadované síly chuti.
e) Odstraňte čajové sáčky nebo sceďte květy černého bezu a plátky citronu.
f) Tento čaj nabízí nádhernou kombinaci citrusových a květinových tónů.

24. Ledový čaj z černého bezu

SLOŽENÍ:
- 4 čajové sáčky z bezového květu nebo 4 čajové lžičky sušených květů černého bezu
- 4 šálky horké vody
- 1/4 šálku medu (upravte podle chuti)
- Plátky čerstvého citronu nebo limetky (volitelně)
- Ledové kostky

INSTRUKCE:
a)   Do džbánu vložte čajové sáčky z bezového květu nebo sušené květy černého bezu.
b)   Bezové květy zalijeme horkou vodou a necháme asi 10-15 minut louhovat.
c)   Odstraňte čajové sáčky nebo sceďte květy černého bezu.
d)   Ještě teplý čaj vmíchejte do medu, dokud se nerozpustí.
e)   Nechte čaj vychladnout na pokojovou teplotu a poté jej chlaďte do vychladnutí.
f)   Podávejte ledový čaj z bezového květu na ledu a podle potřeby ozdobte plátky citronu nebo limetky.

SVAČINKY A PŘEkrmy

25. Bezové madeleines s čokoládovou omáčkou

SLOŽENÍ:
PRO MADELEINY:
- 100 g másla plus navíc na mazání
- 1 lžíce bezového květu cordial
- Jemně nastrouhaná kůra z ½ nevoskovaného citronu
- 100 g moučkového cukru
- 2 střední Waitrose britská Blacktail Eggs
- 100 g hladké mouky plus extra na prach
- ½ lžičky prášku do pečiva

K BÍLÉ ČOKOLÁDOVÉ OMÁČCE:
- 170ml tuba dvojitého krému
- 100 g bílé čokolády, nasekané
- 2 lžíce bezového květu cordial
- Jemně nastrouhaná kůra z ½ nevoskovaného citronu

INSTRUKCE:
a) Chcete-li vyrobit madeleine, zahřejte máslo v malém hrnci na střední teplotu, dokud se nerozpustí. Vmíchejte bezový květ a citronovou kůru a nechte mírně vychladnout.
b) Vložte cukr a vejce do mísy stojanového mixéru a šlehejte na vysokou rychlost po dobu 6-7 minut, dokud směs nebude světlá a hustá a metla nezanechá ve směsi stopu, která trvá 3 sekundy, než zmizí.
c) Smíchejte mouku a prášek do pečiva v malé misce a poté prosejte do vaječné směsi. Kovovou lžící nebo pružnou stěrkou přidávejte suché ingredience, dokud se veškerá mouka nesmíchá.
d) Do těsta přidejte směs másla a bezových květů a míchejte, aby se spojily. Mísu zakryjte potravinářskou fólií a chlaďte alespoň 30 minut nebo přes noc.
e) Formu na madeleinu s 12 otvory hojně vymažte máslem (můžete prsty zakrýt všechny štěrbiny), lehce vysypte hladkou moukou a dejte vychladit do mrazáku. Mezitím si předehřejte troubu na 200 °C (plyn stupeň 6).
f) Do každého důlku dejte 1 vrchovatou lžičku těsta. Směs se pečením rozteče, takže není potřeba plnit formu. Pečte 8-10 minut, dokud střed nevykyne do klasického hrbolu a madeleines jsou na dotek pružné. Vyjměte na chladicí mřížku a opakujte se zbývajícím těstem, abyste vytvořili 24 madeleines.
g) Na omáčku z bílé čokolády nalijte dvojitou smetanu do malé pánve a zahřívejte, dokud se nezačne vařit. Sundejte z plotny a přidejte nasekanou bílou čokoládu.
h) Míchejte do hladka. Vmíchejte bezový květ a citronovou kůru, poté omáčku přelijte do teplé misky a podávejte k madeleinkám jako dip.

26. Bezové lívanečky

SLOŽENÍ:
- 8 hlávek černého bezu
- 110 gramů hladké mouky
- 2 lžíce slunečnicového oleje
- 150 mililitrů ležáku nebo vody
- 1 vaječný bílek
- Olej na smažení
- Moučkový cukr; proséval
- Klínky citronu

INSTRUKCE:
a) Mouku se solí prosejeme a s olejem a ležákem vymícháme na těsto.
b) Nechte 1 hodinu stát na chladném místě.
c) Bílek šlehejte, dokud nedrží v tuhých špičkách. Těsně před použitím těsta vmícháme vejce.
d) V hluboké pánvi nebo fritéze rozehřejte trochu oleje.
e) Hlavičky květů namáčejte v těstíčku a poté je vhoďte do rozpáleného oleje a smažte do zlatova.
f) Lístky nechte okapat na kuchyňském papíře.
g) Nandejte na mísu, posypte prosátým moučkovým cukrem a podávejte s kolečky citronu.

27. Koláč s bezinkovým džemem

SLOŽENÍ:
- 125 g másla pokojové teploty
- 35 g (3 vrchovaté lžíce) zlatavého krupicového cukru
- 100 g hladké mouky
- 1/2 lžičky prášku do pečiva
- 40 g kukuřičné mouky
- 10 dezertních lžic bezového a hruškového džemu
- Malá hrst celých mandlí (nebo menší množství plátkových mandlí)

INSTRUKCE:
a) Ve velké míse smíchejte máslo a cukr, buď ručně, nebo pomocí kuchyňského robotu. Prosejeme mouku a prášek do pečiva a spojíme. Přidejte kukuřičnou mouku a vytvořte měkké těsto. Buďte opatrní, abyste nepřemíchali; jen tolik, aby se vše promíchalo.
b) Předehřejte troubu na 350ºF/180ºC/horkovzdušnou na 160ºC. Deset otvorů ve formě na muffiny vymažte máslem. Z těsta odlamujte kousky o velikosti vlašského ořechu a vtlačte je do každého vymaštěného otvoru.
c) Naplňte každý otvor marmeládou. Nakrájejte mandle a nasypte je navrch. Pečte přibližně 20 minut nebo dokud nezezlátnou (v některých troubách to může trvat trochu déle). Před vyjmutím je nechte vychladnout a ztuhnout ve formě. Vychutnejte si je se sklenkou bezového květu, ať už doma za deštivého dne nebo venku na slunci!

28. Plátky bezového květu s rebarborou

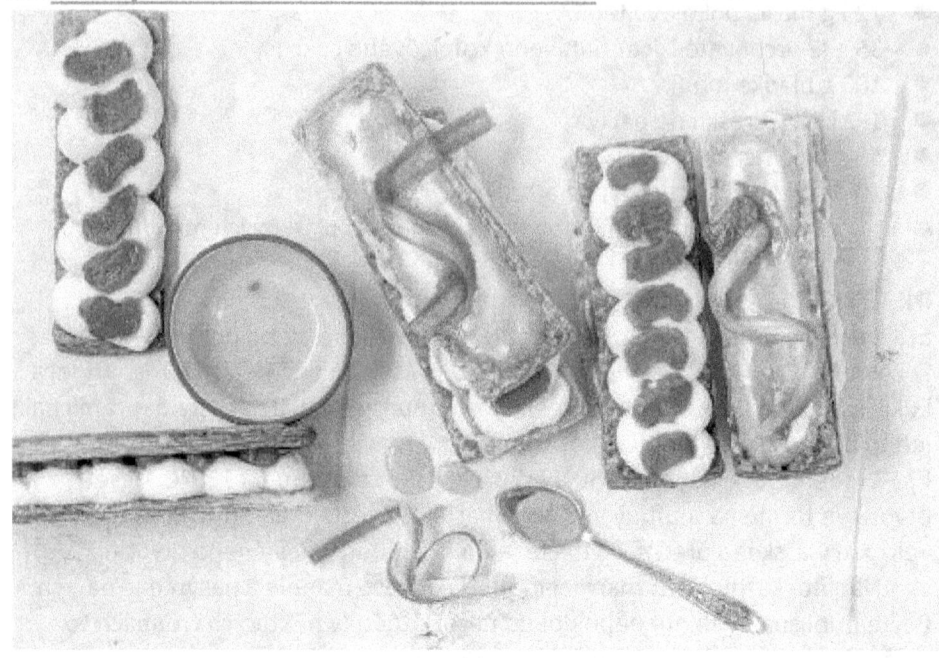

SLOŽENÍ:
Z BEZOVÉHO KVĚTINU:
- 2 dl plnotučného mléka
- 1 špetka soli
- 2 čerstvé žloutky
- 100 g másla, nakrájeného na kousky
- 1 ½ lžíce kukuřičné mouky Maizena
- 150 g hladkého řeckého jogurtu
- 3 lžíce bezového sirupu

PLECHY NA PEČIVO:
- 1 těsto z listového těsta, vyválené na obdélník (cca 25 x 42 cm)
- 1 lžíce cukru
- 2 lžíce ovesných vloček

REBARBORA:
- 200 g rebarbory, nakrájené na tenké plátky
- 2 lžíce bezového sirupu
- 2 lžíce vody

PLÁTKY PUDINY:
- 40 g moučkového cukru

INSTRUKCE:
Z BEZOVÉHO KVĚTINU:
a) V hrnci smíchejte mléko se všemi ostatními přísadami až po kukuřičnou mouku včetně. Tuto směs přiveďte na středním plameni za stálého míchání k varu.
b) Na mírném ohni dále vařte asi 2 minuty za stálého míchání, dokud směs nezhoustne.
c) Sundejte pánev z plotny a pokračujte v míchání asi 2 minuty.
d) Vmíchejte máslo, jogurt a bezinkový sirup.
e) Zakryjte pudink a chlaďte asi 2 hodiny a míchejte, dokud nebude hladký.
f) Pudink přendejte do sáčku s hladkou tryskou (průměr přibližně 12 mm), poté jej vraťte na asi 1 hodinu do lednice.

PLECHY NA PEČIVO:
g) Těsto několikrát propícháme vidličkou a posypeme cukrem a ovsem.
h) Těsto podélně rozpulte a pak každou polovinu nakrájejte příčně na přibližně 9 proužků.
i) Naskládejte je na plech spolu s pečícím papírem, na těsto položte druhý list pečicího papíru a převažte druhým plechem.

PÉCT:
j) Pečeme asi 20 minut ve spodní polovině trouby předehřáté na 220 °C.
k) Vyjměte z trouby a nechte vychladnout na mřížce.

REBARBORA:
l) V hrnci smíchejte rebarboru, sirup a vodu a poté přiveďte k varu.
m) Přikryjeme a dusíme asi 2 minuty, poté necháme vychladnout.
n) Rebarboru sceďte a nechte si 1 polévkovou lžíci tekutiny.

PLÁTKY PUDINY:
o) Smíchejte moučkový cukr s tekutinou z rebarbory.
p) Polevu rozetřeme na 6 kousků listového těsta.
q) Na 12 kousků listového těsta rozetřeme pudink a rebarboru, položíme dvě vrstvy na sebe.
r) Navrch dejte vrstvu ledového listového těsta.
s) Vychutnejte si tyto nádherné plátky bezového pudinku s rebarborou!

29. Křehké sušenky z černého bezu

SLOŽENÍ:

- 1 šálek másla, změkl
- 1/4 šálku cukru
- 1/4 šálku sirupu z bezových květů
- 1 lžička citronové kůry
- 1 lžička vanilkového extraktu
- 2 3/4 šálku nebělené mouky

INSTRUKCE:

a) Ve velké míse utřete smetanu změklé máslo a cukr.
b) Přidejte bezinkový sirup a citronovou kůru; dobře promíchejte, aby se spojily.
c) Postupně vmíchejte nebělenou mouku, dokud nevznikne vláčné těsto.
d) Těsto vyklopte na velký list pečícího papíru a poté z něj vyválejte váleček. Umístěte jej na jednu hodinu do chladničky.
e) Předehřejte troubu na 350 stupňů F (180 °C).
f) Vychlazené těsto na sušenky nakrájejte na 1/4palcové kotouče.
g) Plátky položte na plech vyložený pečicím papírem a nechte mezi nimi mezeru, protože se během pečení roztečou.
h) Pečte 15 až 18 minut, nebo dokud sušenky lehce nezhnědnou.
i) Je důležité nechat sušenky před vyjmutím z plechu důkladně vychladnout, aby se nepolámaly.
j) Vychutnejte si tyto nádherné bezové sušenky s jejich úžasnou květinovou chutí!

30. Kváskový kukuřičný chléb a bezový chléb

SLOŽENÍ:
- Bezové květy
- 150 g kváskového předkrmu (50% hydratace)
- 50 g pšeničné mouky
- 150 g kukuřičné mouky (mleté na mnohem jemnější strukturu)
- 150 g kukuřičné mouky (ta, kterou používáte na „polentu")
- 125 g másla
- 150 g cukru
- 2 vejce
- 1 lžička jedlé sody
- Špetka soli
- Moučkový cukr (na prach)

INSTRUKCE:
a) Začněte odstraněním drobných květů ze stonků černého bezu. Budete potřebovat asi 3 hrsti květin, přibližně z 10 deštníků.
b) Máslo nechte změknout na pokojovou teplotu.
c) Mouku prosejte na čistou pracovní plochu. Přidejte všechny ostatní ingredience a rukama směs jemně propracujte, dokud nevznikne koule těsta.
d) Těsto dejte do mísy, přikryjte igelitem nebo čistou kuchyňskou utěrkou a nechte několik hodin kynout. Můžete si ho připravit večer a nechat přes noc odležet při pokojové teplotě. Pokud je chladné, je možné těsto chladit.
e) Toto těsto obvykle moc nekyne, zejména kvůli kukuřičné mouce. Nebojte se, je to normální i při použití jedlé sody.
f) Těsto rozdělte na kulaté mini bochníčky, jemně přitlačené, každý o průměru asi 8 cm. V tuto chvíli je můžete poprášit moučkovým cukrem.
g) Umístěte mini bochníčky na plech a ponechte mezi nimi určitý prostor.
h) Pečte v předehřáté troubě na 356 °F (180 °C) asi 30 minut.
i) Vychutnejte si svůj kynutý kukuřičný chléb a bezový chléb, jedinečnou a lahodnou pochoutku s esencí bezových květů!

31. Křehké pečivo s citronem a bezovým květem

SLOŽENÍ:
- 295 g nesoleného másla
- 1 citron
- 110 g moučkového cukru
- 225 g hladké mouky
- 110 g kukuřičné mouky
- 2 lžíce citronové šťávy
- 150 g moučkového cukru
- 1 ½ lžičky bezového květu Cordial
- Moučkový cukr (dle potřeby)
- Voda (dle potřeby)

INSTRUKCE:
a) Předehřejte troubu na 160 °C (320 °F).
b) Ve velké mixovací míse oloupeme citronovou kůru a poté vymačkáme šťávu. Citronovou kůru odložte pro pozdější použití.
c) Nesolené máslo a moučkový cukr ušlehejte do světlé a nadýchané hmoty.
d) Prosejte hladkou mouku a kukuřičnou mouku a přidejte citronovou šťávu. Ingredience spojujte, dokud nevznikne hladké těsto.
e) Těsto vyválíme do koule, přikryjeme ho potravinářskou fólií a dáme na asi 30 minut do lednice, aby ztuhlo.
f) Zatímco těsto chladne, připravte si plech vyložený pečicím papírem.
g) Po 30 minutách vyjměte těsto z chladničky a rozválejte ho na lehce pomoučeném povrchu na požadovanou tloušťku (obvykle asi 1/2 palce nebo 1,25 cm).
h) Pomocí vykrajovátek na cukroví vykrajujte z těsta tvary. Položte výřezy na připravený plech, mezi každým ponechte trochu místa.
i) Křehké pečivo pečte v předehřáté troubě 20–25 minut nebo dokud nejsou lehce zlaté.
j) Vyndejte křehké pečivo z trouby a nechte je několik minut vychladnout na plechu, než je přendejte na mřížku, aby úplně vychladly.
k) Zatímco křehké pečivo chladne, připravte si polevu. V míse smíchejte moučkový cukr, bezinkový květ a trochu vody, abyste dosáhli požadované konzistence. Buďte opatrní, aby to nebylo příliš tekuté.
l) Jakmile křehké pečivo vychladne, polevou pokapeme sušenky. Můžete použít lžíci, sáček nebo plastový sendvičový sáček s malým otvorem vyříznutým v jednom rohu.
m) Navrch posypte odloženou citronovou kůrou pro krásný závěr.
n) Nechte polevu ztuhnout před podáváním lahodného pečiva s citronem a bezovým květem.

32.Okamžiky tání bezového květu

SLOŽENÍ:
NA SUŠENKY:
- 200 g Měkké máslo
- ¾ šálku moučkového cukru
- ½ lžičky prášku do pečiva
- 1 šálek kukuřičné mouky
- 1 hrnek hladké mouky

NA POLOVU:
- 2 lžíce měkkého másla
- 1 lžička sirupu z bezového květu (Monin)
- 1 šálek moučkového cukru

INSTRUKCE:
a) Předehřejte si troubu na 180°C.
b) V míse šleháme měkké máslo a moučkový cukr, dokud směs nezbledne.
c) Hladkou mouku, kukuřičnou mouku a prášek do pečiva prosejeme a tyto suché ingredience pak vmícháme do smetanové máslovo-cukrové směsi.
d) Z těsta udělejte malé kuličky a položte je na vymazaný plech. Každou kuličku jemně přitlačte hroty vidličky.
e) Sušenky pečte 15–20 minut nebo dokud lehce nezezlátnou.
f) Zatímco se sušenky pečou, připravte si polevu. Měkké máslo smícháme s bezovým sirupem. Moučkový cukr prosejeme a přidáme do máslovo-sirupové směsi. Přidejte jen tolik vroucí vody, aby vznikla hladká pasta.
g) Jakmile jsou sušenky upečené a vychladlé, natřeme polevou na polovinu z nich.
h) Položte každou ledovou sušenku další sušenkou, abyste vytvořili sendvič.
i) Tento recept poskytuje 12 lahodných okamžiků tání bezového květu. Užívat si!

33. Bezový květ a prosciutto Crostini

SLOŽENÍ:
- Bageta nebo francouzský chléb
- 1/2 šálku bezového květu cordial
- 6 plátků prosciutta
- 1/2 šálku kozího sýra
- Listy čerstvé bazalky
- Olivový olej na pokapání

INSTRUKCE:
a) Bagetu nakrájejte na kolečka o tloušťce 1/2 palce a opékejte je, dokud nebudou zlatavě hnědé.
b) Na každý toast potřete vrstvu kozího sýra.
c) Kozí sýr pokapeme bezovým likérem.
d) Navrch každého toastu položte plátek prosciutta.
e) Ozdobte lístky čerstvé bazalky a pokapejte trochou olivového oleje.

34. Čajové sendviče z černého bezu a okurky

SLOŽENÍ:
- 1 okurka, nakrájená na tenké plátky
- 8 plátků bílého chleba
- 1/4 šálku bezového květu cordial
- Tavený sýr

INSTRUKCE:
a) Z chleba zbavte kůrky a na každý plátek namažte smetanový sýr.
b) Na čtyři plátky položte plátky okurky.
c) Okurku pokapeme bezovým květem.
d) Navrch položte zbývající plátky chleba a vytvořte sendviče.
e) Nakrájejte sendviče na kousky velikosti sousta nebo na tradiční tvary čajových sendvičů.

35.Bezový květ a Brie Quesadillas

SLOŽENÍ:
- Moučné tortilly
- 1/4 šálku bezového květu cordial
- Sýr Brie, nakrájený na plátky
- Nakrájené jahody
- Čerstvé lístky máty

INSTRUKCE:
a) Na polovinu tortilly položte plátky sýra Brie a jahody.
b) Náplně pokapeme bezovým květem.
c) Navrch dejte lístky čerstvé máty.
d) Tortillu přeložte napůl, abyste vytvořili tvar půlměsíce.
e) Zahřejte pánev nebo gril a quesadillu vařte, dokud se sýr nerozpustí a tortilla nebude křupavá.
f) Nakrájejte na měsíčky a podávejte.

36. Jednohubky s bezovým květem a uzeným lososem

SLOŽENÍ:
- Mini toasty nebo sušenky
- 1/4 šálku bezového květu cordial
- Uzený losos
- Tavený sýr
- Čerstvý kopr

INSTRUKCE:
a) Každé kolo toastu potřeme vrstvou smetanového sýra.
b) Navrch dejte malý kousek uzeného lososa.
c) Lososa pokapeme bezovým květem.
d) Ozdobte čerstvým koprem.

37. Datle plněné bezovým květem a modrým sýrem

SLOŽENÍ:
- Datle Medjool, vypeckované
- 1/4 šálku bezového květu cordial
- Modrý sýr
- Nasekané vlašské ořechy nebo pekanové ořechy

INSTRUKCE:
a) Každou datli opatrně vyplňte malým množstvím modrého sýra.
b) Plněné datle pokapejte bezovým květem.
c) Nahoru posypeme nasekanými vlašskými ořechy.

HLAVNÍ CHOD

38. Hovězí salát Adobo s bezovou salsou

SLOŽENÍ:

- 1 lžíce rostlinného oleje
- 2 hovězí svíčkové, očištěné
- ½ šálku omáčky Adobo
- ½ šálku bílého vína
- ¼ šálku cukru
- ½ šálku Květy černého bezu, sušené
- ½ šálku zázvoru, oloupaného a nakrájeného na kostičky
- Šťáva z 1 citronu
- 2 lžíce ořechového oleje
- 2 šalotky, nakrájené na kostičky
- 2 šálky meruněk, nakrájených na kostičky
- 2 lžíce bazalky, nasekané
- 2 lžíce máty, nasekané
- 2 lžičky mořské soli
- 1 libra Smíšené zelené, očištěné
- 1 libra Baby zelenina, nakrájená na poloviny délky
- 3 snítky bazalky

INSTRUKCE:
ADOBO OMÁČKA
a) Chilli namočte na 15 minut do horké vody a rozmixujte.
b) Hovězí maso marinujte v adobo omáčce a rostlinném oleji a uchovávejte v chladu.

NA VÝROBU SALSY
c) V hrnci smíchejte víno, cukr, bezový květ, zázvor a citron a přiveďte k varu.
d) Odstavte a louhujte alespoň 15 minut.
e) Přecedʹte přes jemné sítko bez lisování, poté přidejte olej z vlašských ořechů, broskve, šalotku, bazalku a mátu a dochuťte solí.
f) Dát stranou.
g) V pánvi při vysoké teplotě opékejte hovězí maso 45 sekund až 1 minutu z každé strany.
h) Na rostlinném oleji restujte 2 minuty baby zeleninu se snítkami bazalky a pánev potřete 1 uncí vinaigrette.
i) Doprostřed každého talíře rozdělte zelí, navrch položte hovězí maso a lžící vložte zeleninu a salsu kolem hovězího masa a zelí.

39.Bezový květ - Glazovaný losos

SLOŽENÍ:
- 4 filety z lososa
- ½ šálku sirupu z bezového květu
- 2 lžíce sójové omáčky
- 1 lžíce rýžového octa
- 1 lžíce mletého česneku
- Sůl a pepř na dochucení
- Čerstvý koriandr na ozdobu

INSTRUKCE:
a) Předehřejte troubu na 375 °F (190 °C) a vyložte plech pečicím papírem.
b) V malé misce prošlehejte bezinkový sirup, sójovou omáčku, rýžový ocet, mletý česnek, sůl a pepř.
c) Filety lososa položte na připravený plech a potřete je hojně bezovou polevou.
d) Lososa pečte asi 12–15 minut, nebo dokud není propečený a vločkovitý.
e) Vyjměte z trouby a ozdobte čerstvým koriandrem. Podávejte s přílohou dle vlastního výběru.

40.Bezový květ - Marinované grilované kuře

SLOŽENÍ:
- 4 kuřecí prsa
- ½ šálku čaje z bezového květu (silně uvařený a vychlazený)
- 2 lžíce olivového oleje
- 2 lžíce limetkové šťávy
- 2 stroužky česneku, mleté
- 1 lžička uzené papriky
- Sůl a pepř na dochucení

INSTRUKCE:
a) V misce smíchejte čaj z černého bezu, olivový olej, limetkovou šťávu, mletý česnek, uzenou papriku, sůl a pepř.
b) Kuřecí prsa vložte do sáčku na zip a zalijte je marinádou. Sáček uzavřete a masírujte, aby bylo kuře rovnoměrně obaleno.
c) Kuře marinujte v lednici alespoň 2 hodiny nebo přes noc.
d) Předehřejte gril na středně vysokou teplotu. Vyjměte kuře z marinády a marinádu vyhoďte.
e) Kuřecí prsa grilujte asi 6–8 minut z každé strany, nebo dokud nejsou propečená.
f) Vyjměte z grilu a před podáváním nechte kuře několik minut odpočinout. Nakrájejte a podávejte s oblíbenými přílohami.

41. z bezu a kozího sýra

SLOŽENÍ:
- 4 šálky míchaného zeleného salátu
- 1 šálek vařené quinoa
- ½ šálku rozdrobeného kozího sýra
- ¼ šálku sušených květů černého bezu
- ¼ šálku opečených piniových oříšků
- 2 lžíce balzamikového octa
- 2 lžíce extra panenského olivového oleje
- Sůl a pepř na dochucení

INSTRUKCE:
a) Ve velké salátové míse smíchejte míchaný salát, vařenou quinou, rozdrobený kozí sýr, sušené květy černého bezu a opečené piniové oříšky.
b) V malé misce smíchejte balzamikový ocet, olivový olej, sůl a pepř.
c) Zálivkou pokapejte salát a jemně promíchejte, aby se propojil.
d) Salát s bezovým květem a kozím sýrem podávejte jako lehkou a osvěžující přílohu nebo přidejte grilované kuře nebo krevety, aby bylo kompletní jídlo.

42.Bezový květ - glazované tofu restované

SLOŽENÍ:
- 1 blok pevného tofu, okapaný a nakrájený na kostičky
- ¼ šálku sirupu z bezových květů
- 2 lžíce sójové omáčky
- 1 lžíce sezamového oleje
- 1 lžíce kukuřičného škrobu
- 2 stroužky česneku, mleté
- 1 lžička strouhaného zázvoru
- 2 šálky míchané zeleniny (např. paprika, brokolice, hrášek)
- Vařená rýže nebo nudle k podávání

INSTRUKCE:
a) V malé misce prošlehejte bezinkový sirup, sójovou omáčku, sezamový olej, kukuřičný škrob, mletý česnek a nastrouhaný zázvor, abyste vytvořili polevu.

b) Ve velké pánvi nebo woku rozehřejte lžíci oleje na středně vysokou teplotu. Přidejte kostky tofu a opečte ze všech stran dozlatova a křupava. Vyjměte tofu z pánve a dejte stranou.

c) Na stejné pánvi přidejte podle potřeby ještě trochu oleje a za stálého míchání smažte smíšenou zeleninu, dokud nebude křupavá.

d) Vraťte tofu na pánev a tofu a zeleninu přelijte polevou z bezových květů. Za stálého míchání opékejte další 2–3 minuty, dokud poleva nezhoustne a obalí tofu a zeleninu.

e) Podávejte restované tofu s bezinkovým květem na vařené rýži nebo nudlích pro uspokojivé a chutné vegetariánské jídlo.

43. Quinoa salát z květů černého bezu

SLOŽENÍ:
- 1 šálek vařené quinoa
- ½ šálku čaje z bezového květu (silně uvařený a vychlazený)
- 1 šálek cherry rajčat, napůl
- ½ šálku okurky, nakrájené na kostičky
- ¼ šálku červené cibule, jemně nakrájené
- ¼ šálku rozdrobeného sýra feta
- 2 lžíce nasekané čerstvé petrželky
- 2 lžíce citronové šťávy
- 2 lžíce extra panenského olivového oleje
- Sůl a pepř na dochucení

INSTRUKCE:
a) Ve velké míse smíchejte uvařenou quinou, čaj z bezového květu, cherry rajčata, okurku, červenou cibuli, rozdrobený sýr feta a nasekanou čerstvou petrželku.
b) V malé misce smíchejte citronovou šťávu, olivový olej, sůl a pepř.
c) Zálivkou přelijte quinoa salát a jemně promíchejte, aby se spojil.
d) Salát necháme asi 15 minut odležet, aby se chutě propojily. V případě potřeby upravte koření.
e) Salát z quinoy s bezovým květem podávejte jako osvěžující přílohu nebo přidejte grilované kuře, krevety nebo cizrnu, aby bylo kompletní jídlo.

44.rizoto z černého bezu

SLOŽENÍ:

- 2 šálky rýže Arborio
- ½ šálku sušených květů černého bezu
- ½ šálku bílého vína
- 6 šálků zeleninového vývaru, zahřátý
- 1 šálek žampionů, nakrájených na plátky
- ½ šálku strouhaného parmazánu
- 2 lžíce másla
- 2 lžíce olivového oleje
- 2 stroužky česneku, mleté
- Sůl a pepř na dochucení

INSTRUKCE:

a) V hrnci přiveďte k varu zeleninový vývar a udržujte ho teplý na mírném ohni.
b) V samostatném hrnci rozehřejte olivový olej a máslo na středním plameni. Přidejte nasekaný česnek a minutu restujte, dokud nebude voňavý.
c) Přidejte rýži Arborio do hrnce a míchejte, aby se obalila olejem a máslem. Vařte několik minut, dokud zrnka rýže kolem okrajů nezprůhlední.
d) Do hrnce přidejte bílé víno a míchejte, dokud se nevsákne do rýže.
e) Do hrnce přidejte sušené květy černého bezu a dobře promíchejte.
f) Začněte přidávat teplý zeleninový vývar do hrnce, jednu naběračku po druhé, za stálého míchání, dokud se každý přídavek nevstřebá, než přidáte další. Pokračujte v tomto procesu asi 20-25 minut, dokud nebude rýže uvařená al dente a nebude mít krémovou konzistenci.
g) V samostatné pánvi orestujte nakrájené houby, dokud nezzlátnou a nezměknou. Dochuťte solí a pepřem.
h) Do rizota vmícháme restované žampiony, nastrouhaný parmazán, sůl a pepř.
i) Odstraňte z ohně a před podáváním nechte pár minut odpočinout.
j) Houbové rizoto s bezovým květem podávejte horké, ozdobené dalším parmazánem a čerstvými bylinkami, pokud chcete.

45. Bezová polévka z černých fazolí

SLOŽENÍ:

- 2 šálky vařených černých fazolí
- 4 šálky zeleninového vývaru
- 1 šálek nakrájených rajčat (z konzervy nebo čerstvých)
- ½ šálku nakrájené papriky
- ½ šálku nakrájené cibule
- 2 stroužky česneku, mleté
- 2 lžíce olivového oleje
- 2 lžíce čaje z bezového květu (silně uvařeného a vychlazeného)
- 1 lžička mletého kmínu
- ½ lžičky chilli prášek
- Sůl a pepř na dochucení
- Čerstvý koriandr na ozdobu
- Zakysaná smetana nebo řecký jogurt (volitelné)

INSTRUKCE:

a) Ve velkém hrnci rozehřejte na středním plameni olivový olej. Přidejte na kostičky nakrájenou cibuli, papriku a prolisovaný česnek. Opékejte, dokud cibule zesklovatí a papriky mírně změknou.

b) Do hrnce přidejte uvařené černé fazole, nakrájená rajčata, zeleninový vývar, čaj z bezového květu, mletý kmín a chilli prášek. Dobře promíchejte, aby se spojily.

c) Směs přiveďte k varu, poté snižte plamen a vařte asi 15–20 minut, aby se chutě spojily.

d) Pomocí ponorného mixéru nebo stolního mixéru polévku rozmixujte, dokud nebude hladká a krémová. Pokud používáte stolní mixér, pracujte v dávkách a buďte opatrní při mixování horkých tekutin.

e) Polévku vrátíme do hrnce a dochutíme solí a pepřem podle chuti. Vařte dalších 5 minut.

f) Nalijte polévku z černých fazolí naplněnou bezovým květem do misek a ozdobte čerstvým koriandrem. Podle potřeby přidejte kopeček zakysané smetany nebo řeckého jogurtu. Podávejte horké s křupavým chlebem nebo tortilla chipsy.

46. Bezový květ - Marinované hovězí špízy

SLOŽENÍ:
- 1 libra hovězí svíčkové nebo flank steak, nakrájené na kostky
- ¼ šálku sirupu z bezových květů
- 2 lžíce sójové omáčky
- 1 lžíce limetkové šťávy
- 1 lžíce medu
- 1 lžička mletého kmínu
- 1 lžička uzené papriky
- 2 stroužky česneku, mleté
- Sůl a pepř na dochucení
- Kovové nebo dřevěné špejle (pokud používáte dřevěné špejle, namočte je před grilováním na 30 minut do vody)

INSTRUKCE:
a) V míse prošlehejte bezinkový sirup, sójovou omáčku, limetkovou šťávu, med, mletý kmín, uzenou papriku, mletý česnek, sůl a pepř, abyste vytvořili marinádu.

b) Kostky hovězího masa vložte do sáčku na zip a zalijte je marinádou. Sáček uzavřete a masírujte, aby bylo hovězí maso rovnoměrně potažené. Marinujte v lednici alespoň 2 hodiny nebo přes noc.

c) Předehřejte gril na středně vysokou teplotu. Marinované kostky hovězího masa napíchněte na špejle.

d) Špízy grilujte asi 4–6 minut z každé strany, nebo dokud není hovězí maso upečené na požadovanou propečenost.

e) Vyjměte z grilu a před podáváním nechte špízy pár minut odpočinout. Hovězí špízy marinované v bezovém květu podávejte jako předkrm nebo hlavní chod s přílohou grilované zeleniny nebo rýže.

DEZERT

47. Bezový květ pošírovaný angrešt

SLOŽENÍ:

- 250 g angreštu
- 2 lžíce moučkového cukru
- 90 ml bezového květu cordial

INSTRUKCE:

a) Začněte pytlováním angreštů. Umístěte je do hrnce se silným základem a přidejte cukr a bezový květ.

b) Dejte rendlík na mírný oheň a míchejte, dokud se cukr úplně nerozpustí.

c) Zvyšte teplotu na střední a pokračujte ve vaření asi 4 minuty, dokud angrešt nezměkne, ale stále si zachová svůj tvar.

d) Hrnec sejmeme z plotny a pošírovaný angrešt necháme zcela vychladnout.

e) Vychutnejte si tento lahodný pošírovaný angrešt jako lahodný dezert nebo polevu k různým pokrmům.

48. Dort s citronem a bezovým květem

SLOŽENÍ:
JAHODY:
- 1 lb jahod, rozpůlených (na čtvrtiny, pokud jsou velké)
- 2 polévkové lžíce cukr
- 1 polévková lžíce St-Germain (likér z bezového květu)

DORT:
- ¾ šálku (1½ tyčinky) nesoleného másla, pokojové teploty, plus navíc na vymaštění pánve
- 1 ½ šálku (188 g) univerzální mouky a navíc na vysypání pánve
- ½ lžičky. prášek na pečení
- ½ lžičky. Diamond Crystal nebo ¼ lžičky. Morton košer sůl
- 3 velká vejce, pokojové teploty
- 1¼ šálku (250 g) cukru
- 3 polévkové lžíce St-Germain (likér z bezového květu)
- 2 lžičky jemně nastrouhaná citronová kůra
- 2 lžičky vanilkový extrakt
- ½ šálku husté smetany při pokojové teplotě

GLAZA A MONTÁŽ:
- 4 polévkové lžíce nesolené máslo
- 6 polévkových lžic cukr
- ⅓ šálku čerstvé citronové šťávy
- Špetka košer soli
- 2 polévkové lžíce St-Germain (likér z bezového květu)
- ½ lžičky, vanilkový extrakt

INSTRUKCE:
JAHODY:
a) Předehřejte troubu na 250 °F (121 °C). Jahody vložte do zapékací mísy o rozměrech 8x8" a posypte je cukrem a St-Germain. Opékejte je za míchání každou hodinu, dokud nebudou šťavnaté a měkké, což by mělo trvat přibližně 2½–3 hodiny. Opečené jahody nechte vychladnout.
b) Jahody můžete upéct až 1 týden předem. Uchovávejte je ve vzduchotěsné nádobě a chlaďte. Pokud chcete, ohřejte v malém hrnci.

DORT:
c) Předehřejte troubu na 325 °F (163 °C). Vymažte máslem a vysypte mouku na 6 šálků Bundtovy formy nebo 9x5" ošatky. Ve střední míse smíchejte prášek do pečiva, sůl a 1½ šálku mouky.
d) Pomocí elektrického mixéru ušlehejte vejce, cukr, St-Germain, citronovou kůru, vanilku a ¾ šálku másla ve velké míse při středně nízké rychlosti, dokud nebudou hladké a spojené (použijte lopatkový nástavec, pokud používáte stojanový mixér). To by mělo trvat asi 2 minuty (směs bude vypadat rozbitá, což je v pořádku).
e) Snižte rychlost na nízkou a postupně přidávejte suché ingredience po ¼ šálku a podle potřeby seškrabujte stěny mísy, dokud se úplně nespojí. Zvyšte rychlost na střední a zašlehejte smetanu, dokud se zcela nezapracuje.
f) Těsto rozetřeme do připravené pánve a uhladíme povrch. Pečte, dokud koláč nezezlátne a tester nevyjde čistý nebo jen s pár drobky. To by mělo trvat asi 40–45 minut, pokud používáte pánev Bundt, nebo 50–60 minut, pokud používáte formu na bochníky. Formu přemístěte na mřížku a nechte koláč 20 minut vychladnout ve formě.

GLAZA A MONTÁŽ:
g) Zatímco koláč chladne, vařte máslo v malém hrnci na středně mírném ohni za častého kroužení, dokud nezpění, nezhnědne (bez připálení) a nevydá ořechové aroma (přibližně 6–8 minut). Přidejte cukr a za stálého šlehání vařte, dokud se nerozpustí, což by mělo trvat asi 1 minutu.
h) Přišlehejte citronovou šťávu a sůl, pak vařte za občasného kroužení, dokud se směs mírně nezredukuje, asi 5 minut. Přidejte St-Germain a vanilku a pokračujte ve vaření za častého kroužení, dokud glazura nedosáhne sirupové konzistence, přibližně 2 minuty.
i) Vyklopte dort na talíř (pokud používáte formu na bochník, otočte dort svisle). Pomocí testeru vyvrtejte po celém dortu dírky a na teplý dort lžící naneste polevu.
j) Koláč nakrájejte na plátky a podávejte přelitý opečenými jahodami a jejich šťávou. Užívat si!

49. Květináče s borůvkami, bezem a citronem

SLOŽENÍ:

- 225 g borůvek
- 1 lžíce bezového květu cordial
- 125 g moučkového cukru
- 300 ml dvojité smetany
- Kůra a šťáva ze 2 citronů
- 300 g řeckého přírodního přecezeného jogurtu
- 6 sušenek amaretti

INSTRUKCE:

a) V malém hrnci smícháme borůvky a bezový květ. Jemně zahřívejte za občasného protřepání, dokud bobule nepustí šťávu a obalí se ve světlém sirupu. To by mělo trvat asi 3-4 minuty.

b) Borůvkový kompot rozdělte do 6 sklenic nebo ramekin, každá o objemu asi 175 ml. Během přípravy citronového krému je ochlaďte.

c) Vypláchněte pánev a přidejte cukr, smetanu a citronovou kůru. Umístěte na střední teplotu a vše promíchejte. Přiveďte k varu a poté pár minut povařte.

d) Odstraňte směs z ohně a vmíchejte citronovou šťávu a jogurt, dokud se dobře nespojí. Tuto směs přelijte přes sítko do džbánu.

e) Citronový krém opatrně nalijeme do sklenic na borůvkový kompot. Nádoby chlaďte alespoň 6 hodin nebo přes noc, dokud neztuhnou.

f) Těsně před podáváním amaretti sušenky lehce rozdrťte a posypte jimi vršek hrnců.

g) Užijte si tyto nádherné květináče s borůvkami, černým bezem a citronem jako osvěžující a uspokojující dezert!

50.Koláč s rebarborou a bezovým květem

SLOŽENÍ:
NA PEČIVO:
- 115 gramů hladké mouky
- 25 gramů třtinového cukru
- 15 gramů moučkového cukru
- 50 gramů másla
- 1 vaječný žloutek (malý)
- 2 lžíce ledové vody

K OVOCNÉ NÁPLNĚ:
- 500 gramů rebarbory (nakrájené)
- 5 lžic bezového květu Cordial
- 2 lžíce Mulčového cukru

NA DRUHOVOU POLEVA:
- 100 gramů hladké mouky
- 50 gramů ovesných vloček
- 100 gramů másla
- 75 gramů třtinového cukru

INSTRUKCE:
NA PEČIVO:
a) V míse smícháme hladkou mouku, moučkový cukr a moučkový cukr.
b) Vetřete máslo, dokud směs nepřipomíná strouhanku.
c) Žloutek rozšleháme s ledovou vodou a přidáme k moučné směsi. Míchejte a jemně hněťte, dokud nevznikne měkké těsto.
d) Těsto zabalte do potravinářské fólie a dejte na 30 minut do lednice.
e) Po vychladnutí těsto rozválejte a použijte k vyložení čtyř 4palcových rýhovaných formiček na koláče.
f) Formičky na pečivo vyložte pečicím papírem, naplňte je fazolemi a pečte naslepo v předehřáté troubě nastavené na 190 °C (375 °F) nebo na plyn Mark 5 po dobu 15–20 minut.
g) Nechte plechy na pečivo vychladnout.

K OVOCNÉ NÁPLNĚ:
h) Nakrájenou rebarboru a bezový květ dejte do pánve a zakryté zlehka zahřívejte, dokud ovoce nezměkne, ale stále drží tvar.
i) Ovoce ve šťávě z pánve opatrně otočte a ochutnejte sladkost. Pokud je na váš vkus příliš kyselé, přidejte moučkový cukr. Ovoce necháme vychladnout.
j) Na Crumble Topping:
k) V samostatné míse vetřeme máslo do hladké mouky, dokud směs nepřipomíná hrubou strouhanku.
l) Vmíchejte oves a moučkový cukr.

SESTAVENÍ KOLÍČKU:
m) Jakmile ovoce vychladne, opatrně ho otočte ve šťávě z pánve a lžící nalijte do formiček na pečivo.
n) Ovoce přelijte drobenkou.
o) Vraťte tartaletky do trouby na dalších 15 minut, nebo dokud nebude drobenková poleva zlatohnědá.
p) Koláč s rebarborou a bezovým květem podávejte teplý s přílohou dle vlastního výběru, jako je smetana, pudink nebo zmrzlina.
q) Vychutnejte si svůj lahodný koláč s rebarborou a bezovým květem! Je to nádherná kombinace kyselé rebarbory a sladkého bezového květu s uklidňujícím drobenkovým polevou.

51.Parfait z bezového květu

SLOŽENÍ:
NA JAHODOVÝ SORBET:
- 55 g moučkového cukru
- 55 g vody
- 125g Boiron jahodové pyré
- 5 g citronové šťávy
- 12g stabilizátor sorbetu

NA VYLUHOVANOU ŠLEHAČKU:
- 310 g dvojité smetany
- 90 g snítek čerstvého bezu

PRO ITALSKÉ PUSINKY:
- Špetka vody
- 90 g moučkového cukru
- 6 g glukózového sirupu
- 1 1/2 bílků, lehce našlehaných

PRO PAŠTU BOMBU:
- 50 g moučkového cukru
- 75 g vaječného žloutku

PRO JAHODOVÝ JUS:
- 125 g jahod
- 32 g moučkového cukru

PRO BEZOVÉ KVĚTINY:
- 25 g tempura mouky
- 40 g perlivé vody, vychlazené
- 5 snítek čerstvého černého bezu, rozlámaného na jednotlivé trsy
- Neutrální olej, pro hluboké smažení
- Moučkový cukr na posypání, prosátý

NA OBDOBÍ:
- 1 lžíce lyofilizovaných jahod, rozdrobených

INSTRUKCE:

a) Chcete-li připravit sorbet, vytvořte sirup smícháním vody a cukru v hrnci. Přiveďte k varu a poté ochlaďte do úplného vychladnutí (můžete to udělat na ledu).
b) Vychlazený sirup smíchejte s jahodovým pyré, stabilizátorem sorbetu a citronovou šťávou. Tuto směs zmrazte přes noc v nádobě Pacojet.
c) Na vyluhovanou šlehačku zahřejte 125 g smetany na 60 °C a přidejte hlavičky bezu. Necháme 2 hodiny vychladnout. Nepřehřívejte, nebo to nebude šlehat.
d) Smetanu propasírujeme sítem, vytlačíme veškerou tekutinu, přidáme zbývající smetanu a vyšleháme do středně měkkých špiček.
e) Pro přípravu pusinky přidejte do hrnce špetku vody s cukrem a glukózou. Zahřejte na 118°C. Postupně přidávejte bílky a pokračujte ve šlehání, dokud směs nevychladne.
f) Pro paštikovou bombu vložte žloutky do stojanového mixéru a šlehejte je, dokud neztrojnásobí svůj objem.
g) Smíchejte cukr s tolika vodou, aby připomínal písek, poté přendejte na pánev a zahřejte na 115°C.
h) Do pánve pomalu přilévejte rozšlehané žloutky a neustále šlehejte. Pokračujte ve šlehání, dokud nevychladne.
i) Smíchejte 175 g pusinky se 125 g paštiky a bomby, poté vmíchejte vyluhovanou šlehačku. Tuto směs nalijte do kovových parfaitových kroužků umístěných na plochém tácu a zmrazte přes noc.
j) Na jahodový džus nakrájejte jahody a smíchejte je s cukrem v žáruvzdorné míse, poté přikryjte. Umístěte jej na pánev s vařící vodou a vařte jednu hodinu, dokud se neuvolní šťáva, v případě potřeby dolijte vařící vodu. Ochlaďte na ledu a přeceďte přes mušelínovou tkaninu.
k) Připravte si olej na fritování zahřátím na 180°C. Mouku a vodu šlehejte s ledem, dokud nebude konzistence jednoduché smetany. Hlavičky bezového květu namáčíme do těsta a poté do oleje. Smažte je dozlatova pomocí kleští, aby zůstaly ponořené v oleji. Odstraňte z oleje a osušte na utěrce, poté posypte prosátým moučkovým cukrem.
l) Pracujte rychle nalitím jahodového džusu do 4 ledově vychlazených džbánů. Parfaity rozbalte do 4 misek a posypte je bezovými květy a rozdrobenými jahodami. Sorbet uvařte a přidejte do misek spolu s lívanci. Podávejte vedle džusu.
m) Vychutnejte si toto elegantní a lahodné parfait z bezového květu!

52. Exotické ovoce s bezovým květem zabaglione

SLOŽENÍ:
NA OVOCNÝ SALÁT:
- 1 mango, oloupané, vypeckované a nakrájené na kostičky
- 1 papája, oloupaná, zbavená semínek a nakrájená na kostičky
- 1 kiwi, oloupané a nakrájené na plátky
- 1 šálek kousků čerstvého ananasu
- 1 šálek čerstvých jahod, oloupaných a rozpůlených
- 1 šálek čerstvých borůvek
- 1 šálek čerstvých malin
- Čerstvé lístky máty na ozdobu

PRO BEZOVÝ KVĚT ZABAGLIONE:
- 4 velké žloutky
- ½ šálku krystalového cukru
- ½ šálku bezového likéru (jako je St-Germain)
- ½ šálku suchého bílého vína
- 1 lžička vanilkového extraktu

INSTRUKCE:
PŘIPRAVTE OVOCNÝ SALÁT:

a) Ve velké misce smíchejte mango, papája, kiwi, ananas, jahody, borůvky a maliny. Jemně promíchejte, aby se ovoce rovnoměrně promíchalo. Při přípravě zabaglione dejte stranou do lednice.

UDĚLEJTE Z BEZOVÉHO KVĚTU ZABAGLIONE:

b) V žáruvzdorné míse prošlehejte žloutky a cukr, dokud se dobře nespojí.

c) V hrnci přiveďte vodu k varu. Postavte žáruvzdornou mísu se žloutkovou směsí nad vroucí vodu (metoda dvojitého kotle). Ujistěte se, že se dno misky nedotýká vody.

d) Do žloutkové směsi postupně zašlehejte bezový likér a bílé víno. Pokračujte ve stálém šlehání a vařte asi 10-12 minut, dokud směs nezhoustne a nezíská krémovitou konzistenci. Měl by pokrýt zadní stranu lžíce.

e) Odstraňte misku z ohně a vmíchejte vanilkový extrakt. Nechte zabaglione mírně vychladnout.

f) Připravený ovocný salát rozdělte do servírovacích misek nebo sklenic.

g) Na ovoce naneste lžičkou bezový květ zabaglione.

h) Každou porci ozdobte lístky čerstvé máty.

i) Okamžitě podávejte osvěžující salát z exotického ovoce s bezovým květem zabaglione a vychutnejte si tento lahodný a elegantní dezert.

53. Dort s jahodami a bezovým květem

SLOŽENÍ:
- 150 g granulovaného cukru
- Kůra z 1 citronu
- 170 g nesoleného másla
- 4 vejce
- 1/4 lžičky soli
- 1 1/2 ČL prášku do pečiva
- 1 1/2 lžičky sody bikarbony
- 250 ml bílého jogurtu
- 150 g hladké bílé mouky
- 150 g hladké celozrnné mouky

K NÁPLNĚ:
- 60 g změklého másla
- 3 lžíce bezového květu Cordial
- 100 g nakrájených jahod
- 160 g moučkového cukru

INSTRUKCE:
a) Předehřejte troubu na 180 °C a vymastěte a vyložte plech o průměru 29 cm.

b) Smíchejte obě mouky, prášek do pečiva, sodu bikarbonu a sůl. Suché ingredience dejte stranou.

c) V samostatné misce prošlehejte cukr, máslo a citronovou kůru, dokud se dobře nespojí. Jedno po druhém zašlehejte vejce a poté vmíchejte jogurt. Poté tuto směs smíchejte se suchými přísadami.

d) Směs pečte asi 40 minut nebo dokud nezíská zlatohnědou barvu. Chcete-li zkontrolovat, zda je hotovo, použijte špejli nebo tester dortů – měl by vyjít čistý. Jakmile je hotovo, smíchejte bezinkový likér se dvěma lžícemi vody a pokapejte jím teplý koláč. Nechat vychladnout.

e) Pro přípravu máslového krému rozmixujte jahody a citronovou šťávu, poté zahřejte na středně nízkou teplotu a míchejte, dokud se úplně nezredukuje. Nechat vychladnout; toto bude váš 'džem'.

f) Nakonec vyšleháme změklé máslo s vychladlou marmeládou a vmícháme moučkový cukr, dokud nezískáme hladkou konzistenci. Tímto máslovým krémem potřete vychladlý dort a ozdobte ho jahodami a květy černého bezu.

g) Vychutnejte si svůj lahodný jahodový a bezinkový dort – dokonalý letní požitek!

54. Deska s květinovou mimózou

SLOŽENÍ:
MIMOSAS:
- Šampaňské
- Levandulový sirup
- Bezový likér
- Ibišek čaj (chlazený)
- Růžová voda

DOPROVOD:
- Čerstvé jedlé květiny (jako jsou macešky, fialky a růže)
- Křehké levandulové sušenky
- Sýr s bezovým květem (pokud je k dispozici)
- Ibišek macarons nebo sušenky
- Košíčky z růžové vody nebo dortové řezy

INSTRUKCE:
a) Umístěte na tabuli šampaňské a různé sirupy a likéry inspirované květinami. Obklopte nápoje čerstvými jedlými květinami na ozdobu.
b) Přidejte levandulové sušenky, sýr s bezovým květem a ibiškové macarons nebo sušenky.
c) Zahrňte košíčky s růžovou vodou nebo plátky dortu, abyste dokončili tabuli s květinovým motivem.
d) Hosté si mohou vychutnat výběr jemných a voňavých kombinací mimózy spolu s květinovými pochoutkami.

55.Ostružiník a bezový květ Bavarois

SLOŽENÍ:
GENOISE HOUBA:
- 150 g celých vajec (6 velkých)
- 150 g moučkového cukru
- 150 g hladké mouky
- 63 g nesoleného másla, rozpuštěného

JEDNODUCHÝ SIRUP:
- 113 ml vody
- 145 g cukru
- 1 citronová kůra
- ½ vanilkového lusku

BEZOVÝ KVĚT BAVORSKÝ KRÉM:
- 4 žloutky
- 100 g moučkového cukru
- 230 ml mléka
- 170 ml bezového květu cordial
- 13 g želatinových listů
- 200 ml smetany ke šlehání

OVOCNÉ pyré:
- 500 g ostružin
- 50 ml vody
- 50 g moučkového cukru
- 10 ml citronové šťávy

PĚNA:
- 11 g želatinových listů
- 500 ml smetany ke šlehání
- 350 g ostružinového pyré
- 80 g moučkového cukru

BLACKBERRY GLAZE:
- 8 g želatinových listů
- 175 g ostružinového pyré
- 100 g jednoduchého sirupu
- ½ vanilkového lusku

INSTRUKCE:
GENOISE HOUBA:
a) Troubu předehřejte na 190 °C a rovný plech o rozměrech 30 x 40 cm vyložte nepřilnavým pečicím papírem.
b) Udělejte sabayon šleháním vajec a cukru ve vodní lázni, dokud nedosáhnou 37 °C, a poté pokračujte ve šlehání, dokud nedosáhnou fáze stuhy. Opatrně pomocí stěrky vmícháme prosátou mouku.
c) Do rozpuštěného másla vmícháme dvě odměrky sabayonu a poté přidáme zpět ke zbytku sabayonu.
d) Směs rovnoměrně rozetřeme na vymazaný plech a pečeme 12-15 minut do zlatova. Nechat vychladnout.

JEDNODUCHÝ SIRUP:
e) V hrnci smíchejte vodu, moučkový cukr, citronovou kůru, semínka z vanilkového lusku a samotný lusk. Přiveďte k varu a vařte 2–3 minuty. Nechat vychladnout.

BEZOVÝ KVĚT BAVORSKÝ KRÉM:
f) Želatinu namočte na 3-4 minuty do studené vody, dokud nezměkne, poté vymačkejte přebytečnou vodu.
g) Žloutky a cukr ušlehejte do světle žluté barvy.
h) Mléko přiveďte k varu a postupně ho přidávejte do směsi vejce/cukr.
i) Směs vraťte do hrnce a za stálého míchání zahřívejte, dokud nezhoustne.
j) Přidejte bezový květ Cordial a želatinu. Odstraňte z ohně, vložte do ledové lázně a šlehejte 2-3 minuty. Nechte pudink vychladit.
k) Smetanu ušlehejte až těsně za stuhu a vmíchejte ji do pudinku.

OVOCNÉ pyré:
l) Rozmixujte ostružiny a vytvořte pyré. Vodu a cukr přiveďte k varu a poté ochlaďte. Teplý sirup a citronovou šťávu vmícháme do ostružinového pyré, poté přecedíme a vychladíme.

PĚNA:
m) Namočte listy želatiny.
n) Šlehejte smetanu, dokud nedosáhne fáze stuhy.
o) Zahřejte 150 g pyré s cukrem, dokud se cukr nerozpustí. Přidejte želatinu a míchejte, dokud se nerozpustí. Sceďte a přidejte zbývající pyré. Vmícháme šlehačku.

BLACKBERRY GLAZE:
p) Želatinu namočíme do studené vody. Přidejte vanilkový lusk a semínka do pánve s ostružinovým pyré a jednoduchým sirupem a přiveďte k varu.
q) Vmícháme želatinu a přecedíme.
r) Uchovávejte ve vzduchotěsné nádobě v lednici, dokud nebudete připraveni k použití.

K SESTAVENÍ:
s) Nakrájejte houbu genoise na 10" kulatý kroužek jako vodítko.

t) Potřete houbu jednoduchým sirupem.
u) Na piškot nalijeme bezový bavorský krém a rovnoměrně rozetřeme. Dort zakryjte potravinářskou fólií a dejte na 1 hodinu do chladu.
v) Dort vyndejte z lednice a navrch nalijte ostružinovou pěnu, kterou rovnoměrně rozetřete.
w) Zakryjte potravinářskou fólií a vložte do mrazáku na minimálně 4 hodiny. Vyndejte z mrazáku, okartáčujte led a zmrzlou pěnu nalijte ostružinovou polevou.
x) Nechte v lednici ztuhnout alespoň 20 minut.
y) Než dezert těsně před podáváním ozdobíte čerstvým ovocem nebo mini pusinky, nechte dezert 6-8 hodin rozmrazit v lednici.

56. Bezový krém Crème Brûlée

SLOŽENÍ:
- 2 šálky husté smetany
- ½ šálku krystalového cukru
- 2 lžíce sirupu z bezového květu
- 6 velkých žloutků
- ½ lžičky citronové kůry
- Extra krupicový cukr pro karamelizaci

INSTRUKCE:
a) Předehřejte troubu na 325 °F (160 °C). Do zapékací mísy vložte šest ramekinů.
b) V hrnci zahřejte na středním plameni smetanu a krystalový cukr, dokud se nezačne vařit. Sundejte z ohně a vmíchejte sirup z bezového květu a citronovou kůru.
c) V míse prošlehejte vaječné žloutky, dokud se dobře nespojí. Smetanovou směs pomalu za stálého šlehání vlijte do žloutků.
d) Směs rozdělte rovnoměrně mezi ramekiny. Zapékací mísu s vykrajovátky položte na mřížku trouby a zapékací mísu opatrně nalijte horkou vodou tak, aby sahala asi do poloviny stran vykrajovátek.
e) Pečte asi 35–40 minut, nebo dokud okraje neztuhnou, ale středy se stále mírně chvějí.
f) Vyjměte ramekiny z vodní lázně a nechte je vychladnout na pokojovou teplotu. Poté dejte do lednice alespoň na 2 hodiny nebo do úplného vychladnutí.
g) Až budete připraveni k podávání, posypte vrch každého crème brûlée tenkou vrstvou krystalového cukru. Pomocí kuchyňské svítilny zkaramelizujte cukr, dokud se nevytvoří zlatohnědá kůrka. Před podáváním nechte cukr několik minut ztuhnout.

57.Limetková pěna z černého bezu

SLOŽENÍ:
- ½ šálku bezového květu cordial nebo sirupu
- Kůra z 1 limetky
- Šťáva ze 2 limetek
- 1 šálek husté smetany
- ¼ šálku moučkového cukru
- Limetkové lokny na ozdobu (volitelné)

INSTRUKCE:
a) V mixovací nádobě smíchejte bezinkový sirup nebo bezový sirup, limetkovou kůru a limetkovou šťávu.
b) V oddělené misce ušlehejte hustou smetanu a moučkový cukr, dokud se nevytvoří měkké vrcholy.
c) Jemně vmíchejte šlehačku do směsi bezových květů a limetek, dokud se dobře nespojí.
d) Pěnu nalijte do servírovacích sklenic nebo misek a dejte do lednice alespoň na 2 hodiny nebo do ztuhnutí.
e) Před podáváním podle potřeby ozdobte kadeřemi s limetkovou kůrou.

58. Bezový květ Hruškový sorbet

INGREDIENCE
- 1 plátek želatiny
- 2⅓ šálků hruškového pyré
- 2 lžíce glukózy
- 1 lžíce bezového květu cordial
- ⅛ lžičky košer soli
- ⅛ lžičky kyseliny citronové

INSTRUKCE

a) Rozkvete želatina.
b) Zahřejte trochu hruškového pyré a zašlehejte do něj želatinu, aby se rozpustila. Přišlehejte zbývající hruškové pyré, glukózu, bezový květ, sůl a kyselinu citronovou, dokud se vše zcela nerozpustí a nezapracuje.
c) Nalijte směs do vašeho zmrzlinového stroje a zmrazte podle pokynů výrobce. Sorbet je nejlepší odstředit těsně před podáváním nebo použitím, ale ve vzduchotěsné nádobě v mrazáku vydrží až 2 týdny.

59. Bezová panna cotta s jahodami

SLOŽENÍ:
- 500 ml dvojité smetany
- 450 ml plnotučného mléka
- 10 velkých hlav černého bezu, květy trhané
- 1 vanilkový lusk, vyškrábaná semínka
- 5 listů želatiny
- 85 g zlatého moučkového cukru

PRO CRUMBLE
- 75 g másla plus navíc na mazání
- 75 g hladké mouky
- 50 g zlatého moučkového cukru
- 25 g mletých mandlí

SLOUŽIT
- 250 g punnetových jahod, ořezané vršky
- 1 lžíce zlatého moučkového cukru
- několik natrhaných květů černého bezu na ozdobu

INSTRUKCE:
a) Smetanu, mléko, květiny, vanilkový lusk a semínka dejte do pánve nastavené na mírné teplo. Jakmile se tekutina začne vařit, stáhněte ji z plotny a nechte zcela vychladnout.

b) Mezitím na drobenku vyklopte máslo do malé pánve a jemně zahřívejte, dokud nezhnědne a nezavoní oříškem. Nalijte do misky a nechte vychladnout při pokojové teplotě do ztuhnutí.

c) Po vychladnutí smetanové směsi lehce vymažte vnitřky šesti 150ml formiček na dariole. Listy želatiny namočte na 10 minut do studené vody. Vychladlou smetanovou směs přecedíme přes sítko na čistou pánev, květy bezu a vanilkový lusk vyhodíme. Vsypeme cukr a mícháme, aby se rozpustil. Dejte na mírný oheň a přiveďte zpět k varu, poté nalijte do velké konvice. Z želatiny vymačkejte přebytečnou tekutinu a vmíchejte do horké smetany, dokud se nerozpustí. Míchejte, dokud směs nevychladne a mírně zhoustne, aby všechna vaniková semínka neklesla ke dnu. Nalijte do formiček a nechte alespoň 4 hodiny chladit. dokud nebude nastaveno.

d) Troubu rozpálíme na 180C/160C horkovzdušná/plynová 4. Do mouky vetřeme zhnědnuté máslo, poté vmícháme cukr a mandle. Rozložte na plech vyložený pečicím papírem. Pečte 25-30 minut dozlatova, několikrát promíchejte. Nechte vychladnout.

e) Jahody nakrájejte na plátky, poté smíchejte s cukrem a 1 lžičkou vody. Necháme macerovat 20 minut.

f) Panna cotty vyklopte na talíře a posypte je jahodami a jejich šťávou. Posypte trochou drobenky, něco navíc podávejte v misce na boku a poté ozdobte několika bezovými květy.

60.Bezový květ Flan

INGREDIENCE
- 1 šálek husté smetany
- 1 šálek plnotučného mléka
- ½ šálku cukru
- 4 vejce
- 1 lžička květu černého bezu
- Čerstvé květy černého bezu (volitelné)

INSTRUKCE
a) Předehřejte troubu na 350 °F (175 °C).
b) Ve středním hrnci zahřejte smetanu, mléko a cukr na středním plameni, dokud se cukr nerozpustí.
c) V samostatné misce rozšleháme vejce a bezový květ Cordial.
d) Smetanovou směs pomalu za stálého šlehání vlijte do vaječné směsi.
e) Směs přecedíme přes jemné síto.
f) Směs nalijte do zapékací misky o průměru 9 palců (23 cm).
g) Zapékací mísu vložte do větší zapékací mísy nebo pekáče a naplňte větší mísu takovým množstvím horké vody, aby sahala do poloviny stěn menší mísy.
h) Pečte 45–50 minut, nebo dokud okraje neztuhnou, ale střed se stále mírně chvěje.
i) Vyjměte z trouby a nechte vychladnout na pokojovou teplotu.
j) Před podáváním vychlaďte alespoň 2 hodiny v lednici.
k) Podle chuti ozdobte čerstvými květy černého bezu.

61. Bezová zmrzlina

SLOŽENÍ:
- 1 ½ šálku plnotučného mléka
- 2 šálky husté smetany
- ½ šálku zakysané smetany
- 4 velké žloutky
- ½ šálku medu
- 4-5 bezového likéru
- ½ lžičky vanilkového extraktu
- špetka soli

INSTRUKCE:
a) Vyšleháme žloutky a dáme stranou.
b) V hrnci se silným dnem smíchejte mléko, smetanu, zakysanou smetanu, sůl a med.
c) Do směsi nakrájejte jednotlivé růžičky a vyhoďte co nejvíce materiálu stonku. Zahřívejte na středně vysokém ohni za častého míchání. NEVAŘIT.
d) Když je směs mléka a smetany horká, energicky zašleháme plnou naběračku do žloutků. Vaječnou směs pomalu nalijte do směsi mléka a smetany a znovu intenzivně šlehejte.
e) Vraťte kastrol na střední teplotu a za stálého míchání pokračujte ve vaření, dokud nezhoustne a nepokryje zadní část lžíce. Odstraňte z tepla. Vmícháme vanilkový extrakt.
f) Nalijte směs přes jemné síto do nádoby nebo misky, aby vychladla. Zbytky bezového květu vyhoďte.
g) Po úplném vychladnutí smetanové směsi postupujte podle pokynů výrobce zmrzliny pro stloukání. Případně, pokud nemáte zmrzlinovač, nalijte směs do zapékací mísy s okrajem a dejte do mrazáku, každou půlhodinu seškrábejte směs vidličkou na tuhou, ale světlou konzistenci.

62. Bezový sorbet

INGREDIENCE
- 2 šálky vody
- 1 hrnek cukru
- ¼ šálku bezového květu cordial
- 2 lžíce citronové šťávy

INSTRUKCE

a) V hrnci smíchejte vodu a cukr. Zahřívejte na středním plameni, dokud se cukr úplně nerozpustí.
b) Sundejte z plotny a vmíchejte bezový květ a citronovou šťávu.
c) Směs necháme vychladnout na pokojovou teplotu.
d) Směs nalijte do zmrzlinovače a šlehejte podle pokynů výrobce.
e) Po stloukání přendejte sorbet do nádoby s víkem a na několik hodin zmrazte, aby ztuhl.
f) Bezový sorbet podávejte ve vychlazených miskách nebo sklenicích jako jemný a květinový dezert.

63.Bezová a ostružinová zmrzlina

SLOŽENÍ:
- 225 g ostružin 1 polévková lžíce cukru
- 284ml kartonový dvojitý krém, chlazený
- 8 lžic bezového květu cordial
- 142 ml kartonové smetany ke šlehání, chlazené

INSTRUKCE:
a) Ostružiny dejte do malého hrnce a přidejte cukr. Mírně za občasného promíchání zahříváme, dokud z ovoce nevyteče šťáva a směs se nepřivede k varu.
b) Mírně vařte 2–3 minuty, dokud ostružiny nezměknou. (Případně vložte ostružiny a cukr do vhodné misky a vložte do mikrovlnné trouby na 2–3 minuty, nebo dokud ovoce nezměkne.)
c) Ostružinovou směs prolisujte přes sítko a vyhoďte semínka. Nechte pyré vychladnout, zakryjte a chlaďte asi 30 minut nebo dokud dobře nevychladne.
d) Mezitím vyklopte dvojitý krém do džbánu, přidejte bezový květ a míchejte do hladka. Přikryjte a chlaďte 20–30 minut.
e) Do směsi bezových květů vmíchejte ostružinové pyré do hladka. Smetanu ke šlehání přelijte do mísy a šlehejte, dokud se nevytvoří měkké špičky.
f) Do ostružinové směsi jemně vmícháme šlehačku.
g) Směs přendejte do zmrzlinovače a zmrazte podle návodu.
h) Přeneste do vhodné nádoby a zmrazte, dokud není potřeba.

64. Pěna z bezových květů

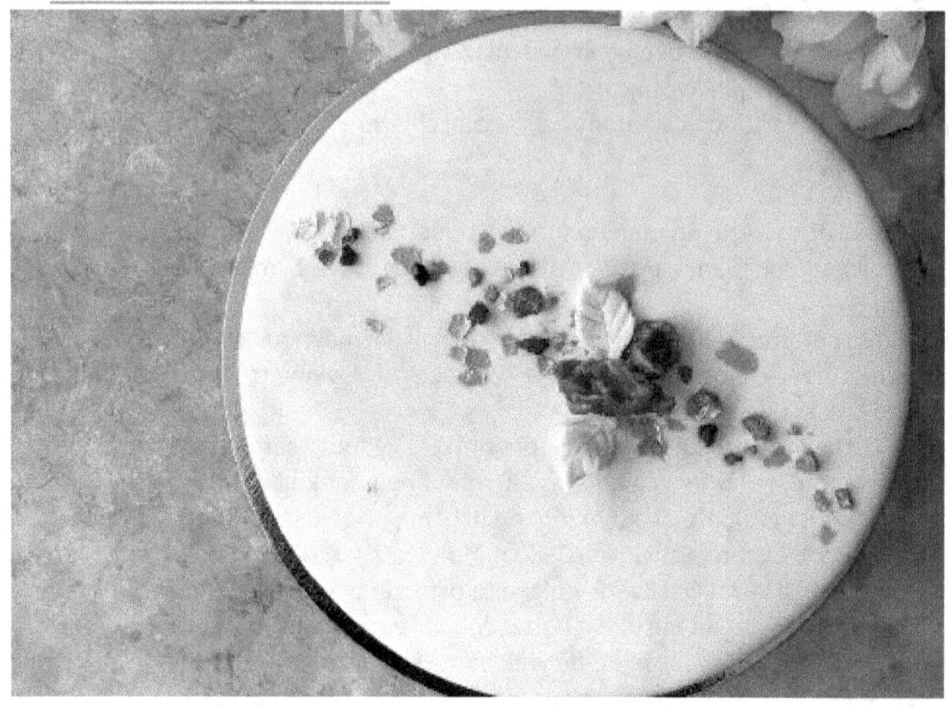

SLOŽENÍ:
- 250 gramů sýra Mascarpone
- 200 gramů pudinku z obchodu
- 125 mililitrů bezového květu cordial
- 200 mililitrů dvojité smetany, lehce našlehané

INSTRUKCE:
a) Začněte tím, že v mixovací nádobě lehce zašleháte sýr Mascarpone, aby změkl.
b) K sýru Mascarpone přidejte pudink z obchodu a šlehejte, dokud nebude směs hladká a dobře spojená.
c) Přišlehejte bezový kordál, počínaje 125 mililitry. Množství můžete upravit podle své chuti a přidat více, pokud toužíte po výraznější chuti bezového květu. Buďte opatrní, abyste v této fázi nepřešlehali; jemné skládání je vhodnější, aby se zabránilo přemísení. Chcete zachovat lehkou a vzdušnou texturu, ne přeměnit směs na bezové srdečné máslo.
d) V samostatné misce lehce ušlehejte dvojitou smetanu, dokud nevytvoří měkké vrcholy.
e) Šlehačku jemně vmíchejte do směsi Mascarpone a bezových květů, dokud se vše zcela nespojí. Opět dávejte pozor, abyste nepřemíchali, protože chcete zachovat vzdušnou texturu pěny.
f) Ochutnejte pěnu a v případě potřeby přidejte více bezového květu, upravte podle vaší preferované úrovně chuti bezového květu.
g) Jakmile se směs dobře spojí a budete spokojeni s chutí, nechte pěnu před podáváním alespoň půl hodiny vychladit v lednici.
h) Až budete připraveni k podávání, můžete pěnu ozdobit čerstvými květy černého bezu nebo kapkou dalšího bezového likéru pro krásnou prezentaci.
i) Vychutnejte si domácí bezovou pěnu jako lehký a elegantní dezert, ideální pro každou příležitost.

65. Pečené hrušky s medem a bezovým květem

SLOŽENÍ:
- 4 velké zralé hrušky
- 1 polévková lžíce bezového květu cordial
- 4 tekuté unce (přibližně 1/2 šálku) jablečné šťávy
- Kousek nesoleného másla
- 2 polévkové lžíce tekutého medu
- Čerstvě nastrouhaný muškátový oříšek
- 2 lžíce dvojité smetany

INSTRUKCE:
a) Předehřejte troubu na 150-160 °C (přibližně 300-320 °F) nebo Gas Mark 3.
b) Slupky ponechte na hruškách a vložte je do vymaštěné zapékací mísy s víkem.
c) V malé misce smíchejte bezinkový likér a jablečnou šťávu a touto směsí pak zalijte hrušky.
d) Hrušky pokapejte medem a pokapejte je knoflíkem nesoleného másla.
e) Na pečicí nádobu přiklopte pokličkou, aby byly hrušky zakryty.
f) Hrušky pomalu pečeme v předehřáté troubě asi hodinu. Nižší teplota umožňuje hruškám jemně změknout a absorbovat chutě.
g) Jakmile jsou hrušky uvařené a měkké, vyjměte je z trouby a přendejte do servírovací misky.
h) Šťávu z pokrmu nalijte do hrnce a přiveďte k varu.
i) Do vroucí šťávy přidejte 2 lžíce dvojité smetany a za stálého míchání vytvořte bohatou a chutnou omáčku.
j) Upečené hrušky přelijeme směsí smetany a šťávy.
k) Pokrm dokončete posypáním čerstvě nastrouhaným muškátovým oříškem, který dodá voňavý nádech.
l) Podávejte pečené hrušky s medem a omáčkou z bezových květů ještě teplé a vychutnejte si harmonickou směs chutí v tomto lahodném dezertu. Je ideální pro příjemný večer nebo zvláštní příležitost.

66. Bezové želé se šampaňským sorbetem

SLOŽENÍ:
PRO ŽELÉ Z BEZOVÉHO KVĚTU:
- 500 mililitrů horké vody
- 30 gramů želatiny (namočené ve 2 lžících studené vody)
- 60 gramů moučkového cukru
- 250 mililitrů bezového květu cordial
- Šťáva z 1 středního citronu

K PODÁVÁNÍ:
- 200 až 300 mililitrů sorbetu šampaňského
- 3 maliny
- Tenké mandlové sušenky (volitelné)
- rozpuštěná čokoláda (na ozdobu, volitelné)
- Snítka máty (na ozdobu)

INSTRUKCE:
ŽELÉ Z BEZOVÉHO KVĚTU:
a) Začněte přípravou želé z bezového květu. V nereaktivním hrnci zahřejte horkou vodu, dokud se nerozvaří.
b) Přidejte namočenou želatinu a míchejte, dokud se úplně nerozpustí.
c) Sundejte hrnec z ohně a vmíchejte moučkový cukr, dokud se zcela nezapracuje.
d) Do směsi přidejte bezový květ a šťávu ze středně velkého citronu. Dobře promíchejte, aby se spojily.
e) Umístěte kastrol na chladné místo, aby směs želé vychladla. Před použitím by měl být docela studený.

SESTAVENÍ DEZERTU:
f) Zatímco želé z bezového květu chladne, vyberte si servírovací sklenice nebo misky. Na dno každé sklenice vložte 3 maliny a poté sklenice položte na tác. Nechte je vychladit.
g) Volitelně můžete kolem vnitřku zvolené sklenice zakroutit rozpuštěnou čokoládou. Jedná se o dekorativní dotek, ale není nezbytný.
h) Jakmile je želé z bezového květu docela studené, naplňte jím připravené sklenice, na jednu porci dejte přibližně 200 mililitrů želé.
i) Sklenice chlaďte několik hodin, dokud želé úplně neztuhne, nebo pokud možno přes noc.

Sloužit:
j) Až budete připraveni k podávání, naberte na každé nastavené želé středně velkou kuličku sorbetu šampaňského.
k) Podle potřeby ozdobte tenkou mandlovou sušenkou.
l) Ozdobte snítkou máty, která dodá svěží nádech.

67. Panna Cotta S Omáčkou Z Bezového Květu

SLOŽENÍ:
VANILKA KOKOSOVÁ PANNA COTTA:
- 1 balení granulované želatiny
- ¾ šálku kokosového mléka
- 1 šálek kokosové smetany
- 1 šálek husté smetany
- 2 lžíce moučkového cukru
- ½ lžičky pasty z vanilkových lusků

OMÁČKA z bezového květu BERRY
- ½ šálku čerstvých nebo mražených smíšených bobulí
- 4 sušené květy černého bezu
- ¼ lžičky moučkového cukru

INSTRUKCE:
VANILKA KOKOSOVÁ PANNA COTTA:
- Připravte čtyři 4 unce nebo větší ramekiny, formy nebo sklenice tak, že je velmi lehce vymažete kokosovým olejem nebo rostlinným olejem. Tento krok můžete přeskočit, pokud panna cottu nepokládáte na formu. Jako formičky jsem použil 4 francouzské sklenice na víno. ale klidně ho můžete nechat ve sklenici k podávání.
- V malé misce nasypte želatinu přes 3 lžíce studené vody. Promícháme a necháme změknout.
- V malém hrnci na středním plameni zahřejte kokosové mléko a smetanu, dokud nezačne na okrajích bublat. Snižte teplotu a přidejte změklou želatinu a míchejte, dokud se úplně nerozpustí.
- Sundejte pánev z plotny a připravte si velkou mísu s ledovou vodou. Kokosovou želatinovou směs sceďte do o něco menší misky a vložte ji do ledové vody. Jemně oškrábejte misku gumovou stěrkou a míchejte, dokud směs nevychladne a nezačne houstnout. Pokud směs začne tuhnout, okamžitě ji odstraňte.
- Vylijte ledovou vodu z velké mísy a otřete dočista. Do mísy dejte hustou smetanu a vmíchejte moučkový cukr, dokud se nerozpustí. Postupně přidávejte kokosovou želatinu, dokud se úplně nepromíchá. Snažte se nemíchat příliš intenzivně, aby se zabránilo tvorbě vzduchových bublin.
- Nalijte směs do připravených nádob, sklenic nebo forem. Dejte do lednice alespoň na 4 hodiny nebo do ztuhnutí.
- Chcete-li panna cottu vytvarovat z formy, projeďte strany formy pod teplou vodou, dokud se nezačne uvolňovat. Prstem jemně stáhněte panna cottu od okraje. Poté jej obraťte na servírovací misku.

OMÁČKA z bezových květů:
- V malém hrnci na středně vysokém ohni smíchejte 1 hrnek vody s moučkovým cukrem. Přiveďte k varu a nechte 1 minutu vařit. Sundejte z plotny a přidejte květy černého bezu. Odstavte a nechte 30 minut louhovat.
- Vyjměte sušené květy černého bezu ze sirupu a vyhoďte nebo nechejte na ozdobu. Přidejte bobule do pánve a dejte zpět na sporák a zahřejte na středně vysokou teplotu.
- Přiveďte k mírnému varu a vařte do mírného zhoustnutí.
- Před podáváním omáčku vychlaďte a vychlaďte alespoň 2 hodiny.

68. Bezový květ -Sangria Sorbet

SLOŽENÍ:

- 2 šálky červeného vína
- 1 šálek vody
- 1½ šálku sušených bezových květů
- 2 lžíce světlého kukuřičného sirupu
- 1 hrnek cukru
- Nastrouhaná kůra a šťáva z 1 malého pomeranče
- 1 malá broskev
- 1 malé koláčové jablko
- ½ šálku červených hroznů
- ½ šálku jahod

INSTRUKCE:

a) V hrnci smíchejte víno, vodu, bezový květ, kukuřičný sirup a ¾ šálku cukru. Přiveďte k varu na středním plameni a vařte 5 minut, míchejte, aby se cukr rozpustil.

b) Sundejte z plotny, vmíchejte pomerančovou kůru a šťávu a nechte vychladnout na pokojovou teplotu.

c) Směs přelijte přes jemné sítko umístěné nad mísou. Přikryjte a chlaďte do chladu, alespoň 3 hodiny nebo až přes noc.

d) Asi 15 minut předtím, než budete připraveni sorbet zmrazit, broskev vypeckujte a nakrájejte na jemno. Jablko zbavíme jádřince a nakrájíme najemno. Hrozny nakrájejte na polovinu.

e) Jahody oloupejte a nakrájejte na jemno. Smíchejte všechno ovoce v míse, přidejte zbývající ¼ šálku cukru a promíchejte. Dát stranou.

f) Směs bezových květů zmrazte a ušlehejte ve výrobníku zmrzliny podle pokynů výrobce.

g) Po stloukání sorbetu sceďte ovocnou směs v jemném sítku a poté ovoce vmíchejte do sorbetu.

h) Přendejte do nádoby, přikryjte a nechte 2 až 3 hodiny ztuhnout v mrazáku.

KOMĚNÍ

69. Bezinkový nižší vyluhovaný med

SLOŽENÍ:
- ¼ šálku bezového květu (sušeného nebo čerstvého - bio)
- 1 šálek místního syrového medu (tekoucí)

INSTRUKCE:
a) Přidejte suché přísady do nádoby
b) Zcela zalijeme medem
c) Těsnicí vršek
d) Nechte med uležet a vyluhovat po dobu jednoho měsíce, podle potřeby i déle
e) Kmen
f) Přecezený med vraťte do sklenice a darujte nebo použijte podle potřeby!

70.Tinktura z černého bezu a lékořice

SLOŽENÍ:

- 25 g (málo 1 oz) bezinek
- 25 g (malá 1 oz) kořene echinacey
- 10 g (1/4 oz) kořen lékořice
- 10 g (1/4 oz) čerstvého kořene zázvoru, nastrouhaného
- 10 g (1/4 oz) tyčinky skořice, nalámané na malé kousky
- 20 g (3/4 oz) máty peprné
- 400 ml (14 fl oz.) kvalitní vodky

INSTRUKCE:

a) Ujistěte se, že všechny sušené ingredience jsou jemně nasekané, ale ne na prášek.
b) Vložte všechny ingredience kromě vodky do velké skleněné nádoby s pevně padnoucím víčkem. Nalijte vodku, pevně uzavřete víko a několikrát protřepejte.
c) Na sklenici označte všechny ingredience a datum. Umístěte sklenici do tmavé skříně a alespoň jednou denně po dobu 3 týdnů protřepejte.
d) Obsah sklenice přeceďte přes mušelínový sáček do odměrky a nalijte tinkturu do přiměřeně velké (350–400 ml/12–14 fl oz.) sterilizované lahvičky z jantarového skla.
e) Uzavřete láhev.
f) Štítek se všemi přísadami a původním datem zahájení. Začněte tím, že budete užívat několik kapek každý den a přidávejte až 1 čajovou lžičku 2–3krát denně. Spotřebujte do 6 měsíců.

71. Tinktura zimního strážce z echinacey a černého bezu

SLOŽENÍ:
- 20 g (3/4 oz) čerstvého kořene zázvoru
- 80 g (23/4 oz) kořene echinacey, čerstvého nebo sušeného
- 20 g (3/4 oz) lístků tymiánu, čerstvých nebo sušených
- 2 stroužky česneku (volitelně)
- 1 čerstvé chilli se semínky (volitelně)
- 80 g (23/4 oz) bezinek, čerstvých nebo sušených
- 500 ml (16 fl oz.) kvalitní vodky

INSTRUKCE:
a) Čerstvý zázvor a kořen echinacey nakrájejte na tenké plátky, vytáhněte lístky čerstvého tymiánu ze stonků a nasekejte česnek a chilli (pokud je používáte).
b) Bezinky jemně vymačkáme. Všechny ingredience dejte do velké nádoby s pevně přiléhajícím víkem. Zalijte vodkou, důkladně promíchejte a ujistěte se, že všechny ingredience jsou zcela ponořené.
c) Vršek pevně uzavřete a sklenici umístěte do tmavé skříňky. Kontrolujte to každý den a sklenicí několikrát zatřeste. Po 3 týdnech sklenici otevřete, ingredience přeceďte přes mušelínový sáček, tekutinu zachyťte do sterilizované lahve z jantarového skla, na štítku uveďte názvy všech ingrediencí a datum.

72.Jablečná, hrušková a bezinková omáčka

SLOŽENÍ:
- 31/2 jablek, oloupaných, zbavených jader a nakrájených
- 1/3 hrušky oloupané, zbavené jádřinců a nakrájené
- 12 zralých bezinek, opláchnutých, bez stopek
- 20 zralých ostružin, opláchnutých

INSTRUKCE:
a) Všechny ingredience dejte do mixéru nebo kuchyňského robotu a rozmixujte do hladka.
b) Rozdělte do dvou sklenic a zalijte bezinkovým a bezinkovým sirupem pro zvýšení antivirového obsahu smoothie.

73. Rajčatová omáčka z černého bezu

SLOŽENÍ:

- 2 šálky nakrájených rajčat (z konzervy nebo čerstvých)
- ¼ šálku čaje z bezového květu (silně uvařený a vychlazený)
- 2 lžíce rajčatového protlaku
- 1 lžíce olivového oleje
- 2 stroužky česneku, mleté
- 1 lžička sušené bazalky
- 1 lžička sušeného oregana
- ½ lžičky cukru (volitelně, pro vyvážení kyselosti)
- Sůl a pepř na dochucení
- Čerstvá bazalka na ozdobu

INSTRUKCE:

a) V hrnci rozehřejte olivový olej na středním plameni. Přidejte nasekaný česnek a restujte, dokud nebude voňavý.

b) Do hrnce přidejte nakrájená rajčata, čaj z černého bezu, rajčatový protlak, sušenou bazalku, sušené oregano, cukr (pokud používáte), sůl a pepř. Dobře promíchejte, aby se spojily.

c) Omáčku přiveďte k varu, poté snižte teplotu na minimum a nechte probublávat asi 15–20 minut, aby se chutě spojily a omáčka mírně zhoustla.

d) Ochutnejte a podle potřeby dochuťte.

e) Sundejte z ohně a ozdobte čerstvou bazalkou. Rajskou omáčku s bezovým květem použijte jako chutný základ pro těstoviny, pizzu nebo jako omáčku k předkrmům.

74. Chia džem z černého bezu

SLOŽENÍ:
- 2 šálky čerstvého nebo mraženého ovoce (jako jsou jahody, maliny nebo borůvky)
- ¼ šálku sirupu z bezových květů
- 2 lžíce chia semínek
- 1 lžíce medu nebo sladidla dle vašeho výběru (volitelné)

INSTRUKCE:
a) V hrnci smíchejte bobule a bezový sirup nebo čajový koncentrát.
b) Směs přiveďte k mírnému varu na středním plameni, občas promíchejte a bobule rozmačkejte lžící nebo vidličkou.
c) Bobule vařte asi 5–10 minut, nebo dokud se nerozpadnou a nepustí šťávu.
d) Vmíchejte chia semínka a med nebo sladidlo (pokud používáte) a pokračujte ve vaření dalších 5 minut za častého míchání, dokud džem nezhoustne.
e) Hrnec sejmeme z plotny a necháme džem několik minut vychladnout.
f) Bezový chia džem přendejte do sklenice nebo nádoby a chlaďte, dokud nedosáhne roztíratelné konzistence.
g) Bezový chia džem natřete na toasty nebo bagety nebo jej použijte jako polevu na palačinky nebo ovesnou kaši pro ovocnou a květinovou nádech vaší snídaně.

75. Salsa z bezového květu

SLOŽENÍ:

- 2 zralá rajčata, nakrájená na kostičky
- ½ červené cibule, nakrájené nadrobno
- ½ papričky jalapeňo, zbavená semínek a nakrájená najemno
- 2 lžíce sirupu z bezového květu
- Šťáva z 1 limetky
- Čerstvé lístky koriandru, nakrájené
- Sůl a pepř na dochucení
- Tortilla chipsy nebo pita chléb k podávání

INSTRUKCE:

a) V misce smíchejte nakrájená rajčata, červenou cibuli, papričku jalapeňo, bezinkový sirup nebo čajový koncentrát, limetkovou šťávu a nasekaný koriandr.
b) Dochuťte solí a pepřem podle chuti.
c) Dobře promíchejte, aby se všechny ingredience spojily.
d) Bezovou salsu nechte asi 15–20 minut odležet, aby se chutě spojily.
e) Podávejte bezovou salsu s tortilla chipsy nebo pita chlebem pro pikantní a živé občerstvení.

76. Kompot z třešňového bezového květu

SLOŽENÍ:
- 2 libry čerstvých nebo mražených třešní Bing, vypeckovaných (asi 4½ šálků)
- ¾ šálku cukru
- ½ šálku vody
- ¾ šálku sušených bezových květů
- 1 velká špetka košer soli

INSTRUKCE:
a) Ve velkém kastrolu s těžkým dnem smíchejte všechny ingredience.
b) Přiveďte k varu na středním plameni, poté stáhněte plamen, aby se udržela mírná míra varu, a za občasného míchání vařte, dokud není šťáva dostatečně hustá, aby pokryla zadní stranu lžíce, asi 10 minut. Sundejte z plotny a nechte vychladnout.
c) Kompot skladovaný ve vzduchotěsné nádobě v lednici vydrží až 1 týden.

KOKTEJLY A MOCKTAILY

77. Hibiscus Spritz

SLOŽENÍ:

- 2 unce prosecca nebo šumivého vína
- 1 unce ibiškového sirupu
- ½ unce bezového likéru
- Sodovka
- Plátky citronu nebo jedlé květy na ozdobu
- Ledové kostky

INSTRUKCE:
a) Naplňte sklenici na víno kostkami ledu.
b) Do sklenice přidejte ibiškový sirup a bezový likér.
c) Jemně promíchejte, aby se chutě spojily.
d) Sklenici dolijte proseccem nebo sektem.
e) Přidejte šplouchnutí sody pro bublinkový závěr.
f) Ozdobte plátky citronu nebo jedlými květy.
g) Před popíjením jemně promíchejte.
h) Vychutnejte si šumivý a květinový ibišek spritz.

78. Koktejl z bezového květu Prosecco

SLOŽENÍ:
- 1 oz bezového likéru (jako je St-Germain)
- ½ oz čerstvé citronové šťávy
- Prosecco, chlazené
- Jedlé květiny na ozdobu (volitelně)

INSTRUKCE:
a) Naplňte sklenici na víno kostkami ledu.
b) Přidejte bezový likér a čerstvou citronovou šťávu.
c) Navrch dejte vychlazené Prosecco.
d) Jemně promíchejte, aby se spojily.
e) V případě potřeby ozdobte jedlými květy.
f) Popíjejte a vychutnejte si květinový a šumivý koktejl Prosecco z bezového květu.

79. Aperitiv Saké Lichee

SLOŽENÍ:

- 2 unce saké (dobře funguje suché nebo polosuché saké)
- 1 unce liči likéru (nebo liči sirupu pro nealkoholickou verzi)
- ½ unce bezového likéru (jako je St. Germain)
- ½ unce čerstvě vymačkané limetkové šťávy
- Ledové kostky
- Čerstvé kolečko liči nebo limetky na ozdobu

INSTRUKCE:

a) V koktejlovém šejkru smíchejte saké, liči likér (nebo sirup), bezový likér a čerstvě vymačkanou limetkovou šťávu.
b) Naplňte šejkr kostkami ledu.
c) Směs intenzivně protřepávejte asi 10-15 sekund, aby se ingredience zchladily a chutě se promísily.
d) Aperitiv sceďte do vychlazené sklenice na martini nebo přes led v kamenné sklenici.
e) Ozdobte čerstvým ovocem liči nebo kolečkem limetky pro dotek elegance.

80.Bylinný gin Fizz

SLOŽENÍ:
- 2 unce ginu
- 1 unce bezového likéru
- 1 unce čerstvé citronové šťávy
- ½ unce jednoduchého sirupu
- Listy čerstvé bazalky
- Sodovka
- Ledové kostky
- Kolečko citronu a snítka bazalky na ozdobu

INSTRUKCE:
a)   Rozmixujte pár lístků bazalky v šejkru s ginem, bezovým likérem, citronovou šťávou a jednoduchým sirupem.
b)   Přidejte led a dobře protřepejte. Přecedíme do highball sklenice naplněné ledem.
c)   Doplňte klubovou sodou.
d)   Ozdobte kolečkem citronu a snítkou čerstvé bazalky.

81. Ibišek prskavka

SLOŽENÍ:

- 2 unce vodky napuštěné ibiškem
- 1 unce bezového likéru
- ½ unce limetkové šťávy
- Sodovka
- Ibišek a kolečko limetky na ozdobu

INSTRUKCE:

a) Spojte vodku s ibiškem, bezový likér a limetkovou šťávu ve flétně na šampaňské.

b) Doplňte sodovou vodou. Ozdobte květem ibišku a kolečkem limetky.

82. Peach Rosé Sangria

SLOŽENÍ:
- 4 broskve, nakrájené na plátky
- 2 šálky čerstvých nebo mražených malin
- 1 (1-palcový) kousek čerstvého zázvoru, oloupaný a nastrouhaný
- 1 láhev (750 ml) růžového vína, jako je Pasqua 11 Minutes Rosé
- 4 uncový bezový likér, jako je St-Germain
- Šťáva z 1 grapefruitu (asi ¼ šálku)
- Šťáva z 1 limetky (asi 2 polévkové lžíce)
- Perlivá voda, na zálivku
- Čerstvé lístky máty nebo bazalky k podávání

INSTRUKCE:
a)   Ve velkém džbánu smíchejte broskve, maliny, zázvor, rosé, bezový likér, grapefruitovou šťávu a limetkovou šťávu. Nechte v chladničce, dokud nebudete připraveni k podávání.
b)   Naplňte šest sklenic ledem a nalijte sangrii. Zalijte perlivou vodou a ozdobte mátou.

83. Bezové mimózy z krvavého pomeranče

SLOŽENÍ:
- 750 ml láhev šumivého bílého vína
- 8 lžiček stříbrné tequily
- 8 lžic bezového likéru
- ⅓ šálku čerstvě vymačkané šťávy z krvavého pomeranče
- 1 krvavý pomeranč, nakrájený na tenké plátky na ozdobu (volitelně)

INSTRUKCE:

a) Pokud chcete, vložte tenký plátek krvavého pomeranče do každé ze čtyř fléten šampaňského pro elegantní ozdobu.

b) Nalijte 2 čajové lžičky stříbrné tequily do každé flétny šampaňského a rovnoměrně ji mezi ně rozdělte.

c) Dále do každé flétny přidejte 2 lžičky bezového likéru.

d) Stejně tak rozdělte čerstvě vymačkanou šťávu z krvavého pomeranče mezi čtyři flétny šampaňského. Každá flétna by měla dostat něco pod 4 lžičky šťávy.

e) Opatrně nalijte šumivé bílé víno do každé flétny, aby se bublinky mezi naléváním usadily. Naplňte každou sklenici až po okraj sektem.

f) Bezové mimózy z krvavého pomeranče ihned podávejte a vychutnejte si krásnou kombinaci chutí a šumění.

84.Hibiscus Spritz

SLOŽENÍ:
- 2 unce prosecca nebo šumivého vína
- 1 unce ibiškového sirupu
- ½ unce bezového likéru
- Sodovka
- Plátky citronu nebo jedlé květy na ozdobu
- Ledové kostky

INSTRUKCE:
a) Naplňte sklenici na víno kostkami ledu.
b) Do sklenice přidejte ibiškový sirup a bezový likér.
c) Jemně promíchejte, aby se chutě spojily.
d) Sklenici dolijte proseccem nebo sektem.
e) Přidejte šplouchnutí sody pro bublinkový závěr.
f) Ozdobte plátky citronu nebo jedlými květy.
g) Před popíjením jemně promíchejte.
h) Vychutnejte si šumivý a květinový ibišek spritz.

85. Vodka Spritz z granátového jablka a tymiánu

SLOŽENÍ:
- ¼ šálku medu
- 2 snítky čerstvého tymiánu a další k podávání
- 1 (1-palcový) kousek čerstvého zázvoru, oloupaný a nakrájený na plátky
- 8 uncí vodky
- 4 uncový bezový likér, jako je St-Germain
- 1 ⅓ šálku šťávy z granátového jablka
- Šťáva ze 2 limetek
- 3 až 4 (12 uncí) zázvorová piva

INSTRUKCE:

a) Ve středním hrnci smíchejte med, tymián, zázvor a ½ šálku vody na vysokou teplotu. Přiveďte k varu a vařte, dokud zázvor nezavoní, asi 5 minut. Odstraňte pánev z plotny a nechte sirup vychladnout na pokojovou teplotu. Vyjměte a vyhoďte tymián a zázvor.

b) Ve velkém džbánu smíchejte sirup, vodku, bezový likér, šťávu z granátového jablka a limetkovou šťávu. Nechte v lednici, dokud nebude připraven k podávání, alespoň 1 hodinu.

86. Mocktail dračího dechu

SLOŽENÍ:
- 4 až 6 kostek ledu
- 2 unce kávy
- 1 lžička sirupu z bezového květu
- 1 lžička pomerančové šťávy
- 1 lžička uzeného jednoduchého sirupu

INSTRUKCE:
a) Naplňte udírnu pilinami a zapalte podle pokynů výrobce.
b) Držte skleničku brandy dnem vzhůru.
c) Vložte dýmovnici do sklenice a naplňte ji kouřem, dokud přes sklenici neuvidíte.
d) Sklenici pevně přikryjte podtáckem, aby držel kouř, a otočte ji do svislé polohy.
e) Vložte kostky ledu do šejkru.
f) Přidejte kávu, bezinkový sirup, pomerančový džus a uzený jednoduchý sirup a míchejte asi 20 sekund.
g) Odkryjte snifter a ihned do něj sceďte Mocktail.
h) Podávejte najednou, kouř se stále lije ze sklenice.

87. Starší letec

SLOŽENÍ:
- 8 mililitrů maraschino likéru
- 15 mililitrů studené vody
- 15 mililitrů bezového likéru
- 15 mililitrů citronové šťávy
- 60 mililitrů londýnského suchého ginu

INSTRUKCE:
a) Ingredience protřepejte s ledem a sceďte do vychlazené sklenice.
b) Ozdobte pomocí twistu z citronové kůry.

88. Anglické Martini

SLOŽENÍ:
- 30 mililitrů bezového likéru
- 1 snítka rozmarýnu
- 75 mililitrů londýnského suchého ginu

INSTRUKCE:

a) Odstraňte listy rozmarýnu ze stonku a rozmačkejte na základně šejkru. Vložíme ostatní suroviny, protřepeme s ledem a scedíme do vychlazené sklenice.

b) Ozdobte snítkou rozmarýnu.

89. Bezový květ růže Martini

SLOŽENÍ:
- 8 mililitrů růžové vody
- 15 mililitrů studené vody
- 15 mililitrů suchého vermutu
- 15 mililitrů bezového likéru
- 60 mililitrů londýnského suchého ginu

INSTRUKCE:
a) Ingredience smíchejte s ledem a sceďte do vychlazené sklenice.
b) Ozdobte okvětními lístky růže.

90. Bezové šampaňské

SLOŽENÍ:
- 2 hlávky černého bezu v plném květu
- 1,5 kila bílého cukru
- 2 lžíce bílého vinného octa
- 1 galon studené vody
- 1 citron

INSTRUKCE:
a) Začněte sklizní hlávek černého bezu, když jsou v plném květu. Vyberte květiny, které jsou svěží a aromatické.
b) Hlavičky bezového květu dejte do velké mísy.
c) Nakrájejte citron a přidejte šťávu do mísy. Nastrouhejte citronovou kůru, dejte pozor, abyste nepřidali bílou dřeň, a přidejte ji také do mísy.
d) Nalijte bílý cukr a bílý vinný ocet.
e) Přidejte galon studené vody do misky, abyste vytvořili základ pro vaše bezové šampaňské.
f) Směs dobře promíchejte, aby se cukr úplně rozpustil.
g) Mísu zakryjte a nechte směs louhovat 24 hodin. To umožňuje, aby se chutě prolínaly a rozvíjely.
h) Po louhování sceďte tekutinu z misky do silných, uzavíratelných lahví. Můžete použít čisté skleněné lahve a zajistit, aby měly vzduchotěsné uzávěry.
i) Lahve pevně zazátkujte a poté je položte na boky.
j) Nechte bezové šampaňské kvasit přibližně dva týdny. Během této doby bude přirozeně karbonátovat, čímž získá charakteristickou bublinkovou kvalitu.
k) Po období fermentace by mělo být vaše bezové šampaňské připraveno k pití.
l) Při podávání vychlaďte bezové šampaňské a nalijte do sklenic. Je to lahodný, domácí perlivý nápoj s jedinečným a osvěžujícím chuťovým profilem.
m) Vychutnejte si své domácí bezové šampaňské jako krásnou a přírodní alternativu komerčních šumivých nápojů. Buďte opatrní, pokud jde o nahromadění tlaku v lahvích během fermentace, a ujistěte se, že používáte silné lahve a sledujte je během procesu, abyste předešli případným nehodám.

91. Bezový květ Gin Blast

SLOŽENÍ:
- 15 mililitrů citronové šťávy
- 30 mililitrů bezového likéru
- 2 čárky citronové hořké
- 60 mililitrů London dry gin 3 lístky čerstvé bazalky zalité tonickou vodou

INSTRUKCE:
a) V základně šejkru lehce rozmačkejte (jen na pohmoždění) bazalku.
b) Přidáme ostatní přísady kromě toniku, protřepeme s ledem a scedíme do sklenice naplněné ledem.
c) Nalijte tonikovou vodu.
d) Ozdobte pomocí twistu z citronové kůry.

92. Velké vzory bezového květu

SLOŽENÍ:
- 8 mililitrů suchého vermutu
- 22 mililitrů ananasové šťávy
- 30 mililitrů bezového likéru
- 45 mililitrů London dry gin Snítka rozmarýnu

INSTRUKCE:
a) Rozmarýn rozmačkejte v základu šejkru.
b) Vložíme ostatní suroviny, protřepeme s ledem a scedíme do vychlazené sklenice.
c) Ozdobte snítkou rozmarýnu.

93.Mayflower Martini

SLOŽENÍ:
- 15 mililitrů jablečné šťávy
- 15 mililitrů meruňkového likéru
- 15 mililitrů bezového likéru
- 15 mililitrů citronové šťávy
- 45 mililitrů londýnského suchého ginu

INSTRUKCE:
a) Ingredience protřepejte s ledem a sceďte do vychlazené sklenice.
b) Ozdobte pomocí twistu z citronové kůry.

94.Bezový květ Meteor Fall

SLOŽENÍ:
- 45 mililitrů calvadosu
- 45 mililitrů bezového likéru
- 45 mililitrů středně suchého cideru
- 45 mililitrů jablečné šťávy

INSTRUKCE:
a) Ingredience protřepejte s ledem a sceďte do sklenice naplněné ledem.
b) Ozdobte plátkem jablka.

95. Bezový květ jiskra

SLOŽENÍ:
- 22 mililitrů bezového likéru
- 90 mililitrů vodky
- Šampaňské brut

INSTRUKCE:
a) První dvě ingredience protřepejte s ledem a sceďte do vychlazené sklenice.
b) Navrch dejte šampaňské.
c) Ozdobte pomocí twistu z citronové kůry.

96.Bezový květ Updraft

SLOŽENÍ:
- 8 mililitrů broskvového páleného likéru
- 15 mililitrů bezového likéru
- 52 mililitrů jablečné šťávy
- 60 mililitrů genever

INSTRUKCE:
a) Ingredience protřepejte s ledem a sceďte do vychlazené sklenice.
b) Ozdobte měsíčkem broskve.

97. Flower Blast Martini

SLOŽENÍ:
- 8 mililitrů créme de violette likéru
- 15 mililitrů suchého vermutu
- 15 mililitrů bezového likéru
- 60 mililitrů londýnského suchého ginu

INSTRUKCE:
a) Ingredience protřepejte s ledem a sceďte do vychlazené sklenice.
b) Ozdobte twistem z pomerančové kůry.

98.Bezový květ Margarita

SLOŽENÍ:

- 2 unce tequily
- 1 unce sirup z bezového květu
- 1 unce limetkové šťávy
- Sůl nebo cukr na lemování sklenice
- Klínky limetky na ozdobu
- Ledové kostky

INSTRUKCE:

a) Sklenici na margaritu obložte solí nebo cukrem tak, že okraj navlhčíte klínkem limetky a ponoříte ji do mělkého talíře naplněného solí nebo cukrem.
b) V šejkru smíchejte tequilu, bezový sirup, limetkovou šťávu a hrst kostek ledu.
c) Důkladně protřepejte, dokud se dobře nespojí a nevychladne.
d) Směs přecedíme do připravené sklenice na margaritu naplněnou kostkami čerstvého ledu.
e) Ozdobte měsíčkem limetky.
f) Podávejte a vychutnejte si tuto osvěžující a pulzující Margaritu z černého bezu.

99. Mojito z bezového květu

SLOŽENÍ:
- 2 unce bílého rumu
- 1 unce sirup z bezového květu
- Šťáva z 1 limetky
- 4-6 lístků čerstvé máty
- Sodovka
- Plátky limetky a snítky čerstvé máty na ozdobu
- Ledové kostky

INSTRUKCE:
a) Ve sklenici smíchejte lístky čerstvé máty s limetkovou šťávou, aby se uvolnily jejich chutě.
b) Naplňte sklenici kostkami ledu.
c) Do sklenice přidejte bílý rum a bezinkový sirup.
d) Dobře promíchejte, aby se ingredience spojily.
e) Sklenici dolijte sodou.
f) Ozdobte plátky limetky a snítkami čerstvé máty.
g) Před popíjením jemně promíchejte.
h) Vychutnejte si živé a osvěžující bezové Mojito.

100. Bezový střik

SLOŽENÍ:

- 2 unce prosecco nebo šumivého vína
- 1 unce sirup z bezového květu
- ½ unce bezového likéru
- Sodovka
- Plátky citronu nebo jedlé květy na ozdobu
- Ledové kostky

INSTRUKCE:

a) Naplňte sklenici na víno kostkami ledu.
b) Do sklenice přidejte bezový sirup a bezový likér.
c) Jemně promíchejte, aby se chutě spojily.
d) Sklenici dolijte proseccem nebo sektem.
e) Přidejte šplouchnutí sody pro bublinkový závěr.
f) Ozdobte plátky citronu nebo jedlými květy.
g) Před popíjením jemně promíchejte.
h) Vychutnejte si šumivý a květinový bezový střik.

ZÁVĚR

Doufáme, že na konci tohoto komplexního průvodce vařením s bezovými květy jste byli inspirováni k tomu, abyste se pustili do vlastního kulinářského dobrodružství. Květy černého bezu se svou jemnou a podmanivou vůní mají sílu pozvednout vaše pokrmy a nápoje do nových výšin. Od prosté radosti z limonády s bezovým květem až po sofistikovanost pokrmů kořeněných bezovým květem, neexistuje žádný limit pro to, co můžete vytvořit.

Pamatujte, že bezové květy nejsou jen přísadou, ale způsobem, jak se spojit s přírodou a tradicí. Ať už sklízíte své vlastní květy nebo používáte produkty z bezových květů, jejich jedinečné kouzlo můžete sdílet s blízkými u vašeho stolu. Shromážděte tedy nástroje, vyberte si recepty a vydejte se objevovat svět bezové kuchyně. Vaše kuchyně je vaše plátno a bezové květy jsou vaší paletou. Ať jsou vaše kulinářské výtvory stejně rozkošné a nezapomenutelné jako samotné okouzlující bezové květy.

www.ingramcontent.com/pod-product-compliance
Lightning Source LLC
Chambersburg PA
CBHW050149130526
44591CB00033B/1211